全通研アカデミー ❶

高齢ろう者の人生／障害者差別解消法

聴きとりから学ぶ高齢ろう者の人生　大矢　暹

障害者差別解消法の評価と課題　池原毅和

文理閣

はじめに

一般社団法人全国手話通訳問題研究会（全通研）は、手話や手話通訳に関わる一万人の仲間たちで構成する全国組織です。私たちは「聴覚障害者の暮らしから学ぶ」を基本に「運動と研究」に取り組んでいます。その研究の具体的な学びの場として、「全通研学校」を一九九八（平成一〇年）から十七年間開催し、その間『全通研学校講義集』①〜⑪巻まで発行してきました。

そして二〇一五（平成二七）年からは、新たなスタイルで「全通研アカデミー〜全通研学校Ⅲ〜」としてスタートしました。当会の機関誌である『手話通訳問題研究』をより深めていくことを目的に、機関誌にご執筆いただいた方々を講師に、全国三会場でおこなっています。

今回は関東ブロックで機関誌の特集より、「高齢聴覚障害者のくらし」と「障害者差別解消法と聴覚障害者」でご執筆いただいた大矢暹氏と池原毅和氏をアカデミーの講師として招き、その講義内容を、『高齢ろう者の人生／障害者差別解消法』として発行することができました。

大矢暹氏の講義は「高齢聴覚障害者の暮らしから学ぶ」がテーマです。大矢氏は現在、特別養護老人ホーム淡路ふくろうの郷《さと》の施設長をされており、その施設に暮らす高齢聴覚障害者の人生から学ぶことを目標に、自分を語っていただく取り組みをされています。冒頭、「手話通訳者の方々から『ろう者の暮らしが見えない』と言われるが『あなたが見たい、知りたい暮らしは何ですか？』と」このように始まり、何度も関わり続けた結果、信頼関係がつくられ、ろう者は自分を開示していくと結ばれています。

ここに登場する高齢ろう者の人生には読んでいて息を飲む場面がたくさんあります。一人ひとりの壮絶な生きざまがある。私たちは生まれてきた時代や場所によってそれぞれ生きる環境は違いますが、違うから自分とは関係ないのではなく、日々誰もが暮らしを抱えながら生きていて、そのどれもが尊いことだと思い直せる内容です。また自分はどのように他者と関わっているのだろうと考えさせられました。

弁護士である池原毅和氏からは「障害者差別解消法について考える」をテーマに講義をしていただきました。障害はどこに発生するのか、それは関係に発生する。ある特定の思いこみによってつくられた社会と、その思い込みから外れてしまっている人たちとの「関係」の中で障害は発生するのだと。この関係を改善するにはイマジネーションが大切だと話されています。バリアはみんなのイマジネーションが豊かなら発生しないのだと。さらに障害者観について医学モデルと社会モデル、相互モデルについて分かりやすく話が進みます。

読みながら、長い間、私たちは医学モデルの考え方に慣らされすぎてしまったと感じました。そして本題の差別解消法については具体例をたくさんあげて話してくださっています。読み進むうちに日本の縦割り行政の弊害での法の矛盾点や、視点の欠如について気づかされます。考え方がとても整理できる内容です。

今回の二つの講義は、テーマだけを見ると全くジャンルが違うように感じられますが、根っこの部分で人への見方、社会への見方がつながっていると思いました。手話を学んでいる方にも、それ以外の方にも読んでいただける一書です。地域での学習教材としての活用はもちろんですが、聴覚障害者理解の一助になれば幸いです。

一般社団法人全国手話通訳問題研究会　研究部長　岡野　美也子

高齢ろう者の人生／障害者差別解消法　もくじ

聴きとりから学ぶ高齢ろう者の人生

大矢　暹

筆者プロフィール

大矢　暹（おおや　すすむ）

一九四七年（昭和二二）に京都府山城町（現木津川市）で生まれる。小学校の三年生より聴力低下。京都府立聾学校高等部入学、ろうの先生・ろうの生徒・手話との出あい、生徒会活動に参加、差別と民主主義を学ぶ。

一九六五年（昭和四〇）「分かりやすい授業」と「学ぶ目的」で先生との対話を求める。授業拒否を含む闘い→一九六六年三・三声明につながる。

一九六六年（昭和四一）製本工として働く。社団法人京都府ろうあ協会入会、全日本ろうあ連盟青年部設立に参加。

一九六八年（昭和四三）京都府ろうあ協会に入職、京都ろうあセンター設立準備。

一九六九年（昭和四四）相談事業などろうあ者福祉事業に関わる。

一九七八年（昭和五三）社会福祉法人の設立、京都市聴覚言語障害センターに発展。

一九九一年（昭和五六）京都市聴覚障害者センター副所長。

一九九二年（平成四）特養ホームいこいの村・梅の木寮施設長。

二〇〇四年（平成一六）京都法人を退職、兵庫に移住。ろう高齢施設建設運動に参加。

二〇〇六年　特養ホーム淡路ふくろうの郷施設長。

二〇一四年　社会福祉法人ひょうご聴覚障害者福祉事業協会の理事長就任。兵庫県聴覚障害者協会員、淡路聴力障害者協会役員、全日ろう連福祉政策プロチーム委員。

著書に『京都障害者歴史散歩』（共著）文理閣。

全日ろう連発行『一人ひとりが輝く』編集に参加。

楽しみごと：読書、歴史散歩　家族：妻と二人暮らし

戦後七〇年の節目に

みなさん、おはようございます。初めての全通研アカデミーの講師にご指名いただきまして、ありがとうございます。再来年、私も七〇歳になります。物忘れも出てきて、話があちこち行ってしまうかと思いますが、ご寛容にお願いいたします。

高齢のろう者の暮らしから学ぶというテーマをいただきました。ひと言《こと》に「暮らし」といってもいろいろな中味・意味が含まれています。手話通訳活動をされている方々から「ろう者の人の暮らしが見えない」と言われます。その度に思うのです。「あなたが見たい、知りたいろう者の暮らしとは何ですか」と。

暮らしの土台・基盤としての所得、その収入源が見えないということなのか、それとも健康状態や暮らしを支える条件としての、近所づきあいの程度や相談相手などを含めた暮らしの中味なのか。たしかに「暮らし」と簡単に言っても、暮らしをトータルに説明するのは容易ではありません。暮らしの中のひとこまである「手話通訳」に始まって、手話通訳だけに終わっていると、ろう者の暮らし・ニーズが見えにくいかと思います。

「暮らしが見えない」と簡単にあきらめるのではなく、暮らしの何を知りたいのか、知る必要があるのか、とりわけ高齢ろう者の暮らしから何を学ぶことができるか。それを少しでも深めてゆくことが今日の私の役割かと思います。戦後「七〇年」という節目の今、戦時下を生きた高齢ろう者の体験に接近して、「暮らしに学ぶ」というテーマに近づいてみたいと思います。

「歴史は繰り返される可能性がある」と言われますが、だんだんそういう気配が濃くなっています。自分の立ち位置をはっきりさせながら、集団できちんと暮らしを見つめあうこと。それがあってこそ未来への道が見えるのでないかと思うのです。

高齢ろう者の「暮らし」を考えるとき、今現在の暮らしもあれば、もちろん過去の暮らしもあるわけです。過去からの暮らしが、今につながっています。過去が、今に反映され、今が未来を準備すると言われます。過去・現在・未来は、バラバラなわけではありません。時間と同じように、これはずっと人生としてつながっているのです。「高齢ろう者の暮らしに学ぶ」ということは、過去、そして今、未来に続くろう者の暮らしを総合的に

聴覚障害者の実態と生活ニーズ調査結果について

調査方法

原則として、調査員３人一組（ろう者２人、健聴者１人）での訪問調査としました。対象者の希望により、自宅訪問ができない場合は、公的施設での集合調査、あるいはそこでの個別面談を実施し、最終的には888人（18歳～99歳）の方にご協力をいただくことができました。

調査目的の達成のために、「聴覚障害者の実態と生活ニーズ調査」に関しては、同志社大学名誉教授・（故）三塚武男先生の作成による「生活問題をとらえる基本的な柱と枠組み」、並びに「生活問題を規定している基本的条件とその相互関係」を参考としました。

調査の実施期間　2013 年（平成 25）4 月 1 日～ 2014 年（平成 26）3 月 31 日

調査主体　公益社団法人兵庫県聴覚障害者協会

図表１　聴覚障害者とその家族の生活問題をとらえる視点と枠組みと調査の結果

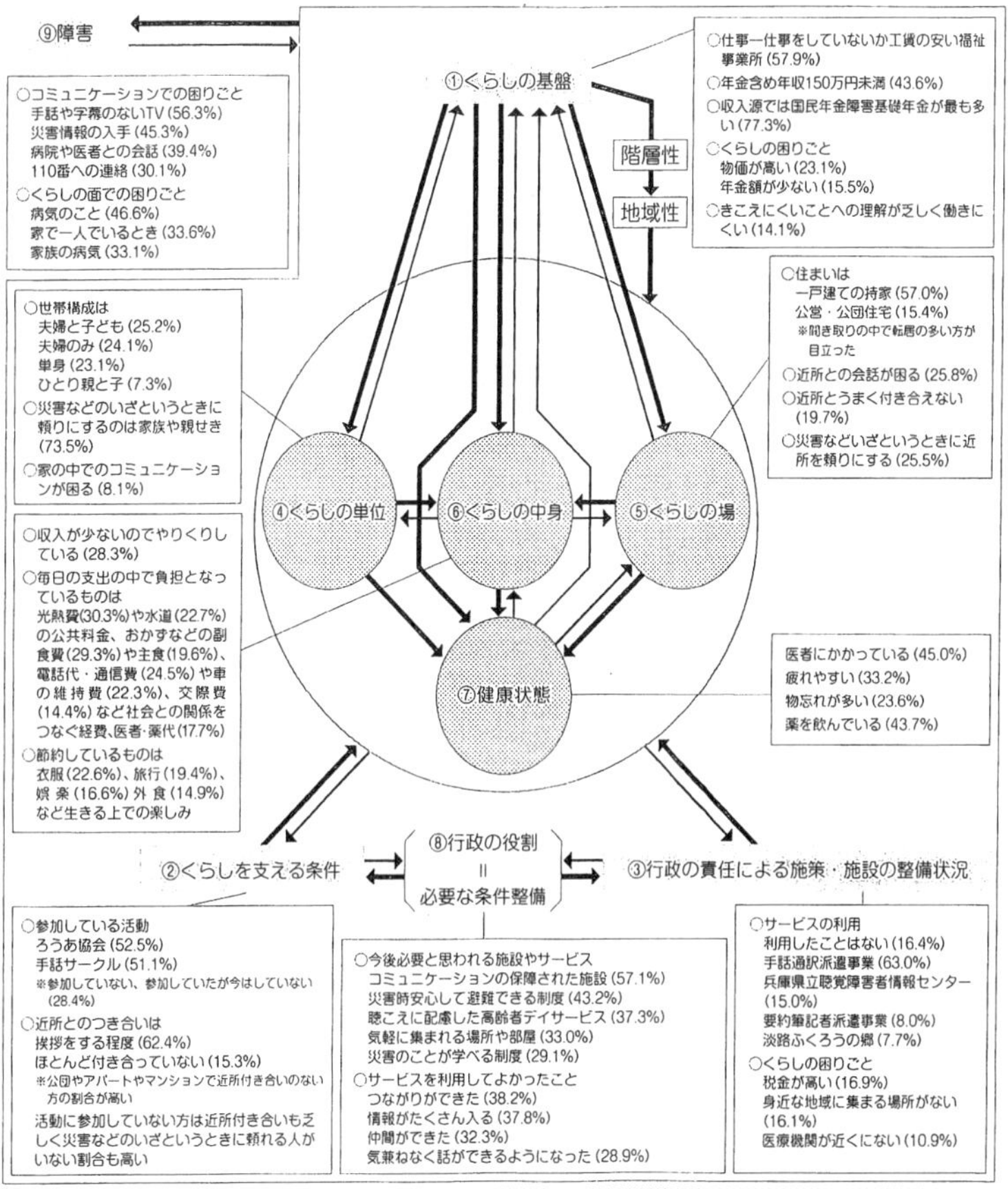

図内の←→はそれぞれに関係しながら、内容や質・量を決めている。太い方の線がより基本的な内容となる。

三塚武男「生活問題と地域福祉」ミネルヴァ書房、1997 年を参考に調査委員志藤が作成。

阪神大震災から 18 年を迎えた兵庫県における聴覚障害者の実態と生活ニーズ調査報告書

（概要版）より

学ぶことです。

今年（二〇一五年）一月に九四歳で亡くなった元ドイツ大統領のワイツゼッカーが言っています。

「過去に向き合えない人たちは、未来を見ること、未来をつくることはできない」と。私も同感です。過去にきちんと向き合えないと、今と明日は見えないということです。

平和の土台が壊されたとき、または壊れたとき、人はどうなるでしょう。かつて読んだ本の中に、「人は悪魔になる可能性がある」という一節がありました。戦争とは、人を殺し、殺されるということです。平和なときに人を殺したら罪になりますが、戦場で人を殺したら、武勲としてほめたたえられることになります。これは悪魔です。

戦後七〇年という節目に、私が知り得た限りの高齢ろう者の暮らしというか、人生から学べることを、みなさんにもお伝えしたいと思っています。

人生を聴き・接近する取り組み

ふくろうの郷《さと》では、開所年度（二〇〇六年）からここに暮らす一人ひとりの人生から学ばずして、充実した生活の援助はあり得ないことを生活援助の出発点にしてきました。私自身がまず、その姿勢を示す必要もありました。見学者が来られたときに、入居の方々一人ひとりに自分を語っていただくとりくみを重ねてきました。

真っ先に自分を語られたのは、勝楽《かつらく》進さん、佐代子さん夫婦でした。お二人は一九五五（昭和三〇）年に結婚されましたが、同時に断種をさせられました。それを知ったきっかけは、入居時に軽トラックにいっぱいの段ボール箱から出てきた五〇体もの人形でした。その一つひとつの人形を指しながら「これは私たちの子どもの代わりです」と語られました。勝楽さんは多くの見学者にも語られましたし、奥さんの佐代子さんもそんな自己紹介をされました。その語りは真剣に見入る入居者たちの心をとらえ、みなさんが次々と自分を語られるように、相互作用を大きくしてゆきました。

全国手話通訳問題研究会（以下、全通研）淡路地域班が入居者・黒﨑時安さんの戦争体験を聞く研修会を企画したのは、こういうときでした。彼の語りは空襲体験にとどまらず、母の死や父との確執、窃盗で学校へ行けなくなったこと、受刑、ヤクザの組でのことなど、これまで人の前で語ったことのない体験にまでおよびました。

振り返れば私も最初はなかなか自分を話せなかったです。自己開示というか、自分の体験と内面を語るというのは、なかなか難しいです。

黒﨑さんは生涯、そのまま胸にとじこめておこうと思っていたかもしれません。もう八五歳を超えていますが、自分の人生をそのまま誰にも話せない、受けとめてくれる人がいないというのは、寂しく辛いことではないでしょうか。ふくろうの郷に心を寄せる人たちとの関わりを広げつつ、その影響を受けながら固く固く縛っていた自分の心の扉を、少しずつ開き、語る気持ちをふくらませていった黒﨑さんの心の溶解、私はそれを自己変革だと思っています。

黒﨑時安さんの歩んだ道

小学一年までしか通えなかったろう学校

黒﨑時安さんの暮らし・人生からの学びをお伝えします。高齢ろう者の暮らしから学ぶ第一歩です。

ふくろうの郷では一昨年から、黒﨑さんの人生の手話語りを映像化し、ＤＶＤとして編集する作業にとりくんできました。

黒﨑さんは一九二九（昭和四）年に大阪市此花《このはな》区で生まれました。一一歳で大阪市立ろう学校予科に入学します。一九四〇（昭和一五）年です。当時の大阪市立ろう学校と言えば山本おさむさんのマンガ『わが指のオーケストラ』などで知られているように校長は高橋潔先生、副校長が大曽根源助先生だったと黒﨑さんも語っています。手話では大曽根先生を指文字の「せ」をほっぺたにくっつけて現します。一九二九年、船でアメリカに渡りアルファベットの指文字をヒントに、今の日本の指文字を考案された先生です。高橋校長や大曽根先生がいた時代の大阪市立ろう学校の予科に黒﨑さんは入学しました。

予科とは幼稚部のことです。予科の二年間を経て小学部一年に進学したとき、黒﨑少年は学校に行けなくなってしまいます。なぜ学校に行けなくなったかというと、お金の窃盗行為を厳しく叱られたからです。

なぜ窃盗したのかというと、お父さんやお母さんからお金をもらうことができなかったからです。学校に持ってゆく鉛筆やノート、そういった文具を買うお金がもらえなかった。お母さんは当時、屋台を引いて、たこ焼きやお好み焼きを売り歩いていた。黒﨑少年も手伝いをしながらお母さんに「お金」と手話で言うと、お母さんはお父さんに生活費を家に入れるように強く言って、いつもケンカになった。お父さんは腕のたつ大工さんだったそうです。もともと石川県で生まれて、職を探しながら大阪に来て、大工を職としていたのです。

お母さんは子どもに勉強の道具を買ってあげたい。さらに食べ盛りの黒﨑少年にちゃんと食べさせたい。それをお父さんに言うと、「時安に渡す金なんか要るか!!」と怒る。「どんどん大きくなるから学校にも行かなきゃならない」とお母さんが食いさがると、「つんぼの子どもに学校なんか要らん!! 何の役にも立たん!!」となぐったりする。

みなさん想像して下さい。わずか一一歳の黒﨑少年の前で、日常的に母への暴力がふるわれる姿を。少年の心中を思いやってほしいです。

父親は大工仲間から「子どもが男でいいね」と話題にされても、障害を知ると「なんだつんぼか、つんぼならあと継ぎにもならねえナ、しょうがねえなあ」というようなことで、酒に逃げ、持って行き場のない悔しさ、うっ積するものを妻にぶつけていたのかも知れません。

黒﨑少年はひもじさと、文具の持てないみじめさに勝てない。スリ盗ったお金をオーバーの内ポケットにかくして学校に行き、お金の音でバレて、厳しく叱られる。「今度やったら学校は首だ、この手紙をお父さんに渡しなさい」と厳しく言われて、家に帰れず、わざわざ母方のお祖母さんの所に行って手紙を渡し、ここでも叱られ、学校に行きにくくなったということです。

昭和一六・七年頃の大阪市立ろう学校の状況を実際に見ることはできませんので、現代風の感覚でモノを言うのは、はばかられますが、黒崎少年の行為について先生たちが父親に会って話したり、ろう学校を見せるなど、教育的な配慮があれば父親の意識も態度も、また違うものになっていたかと思います。しかし日本が真珠湾攻撃から日米戦争に突入して行った狂気の時代に、ろう学校といえどもそのような教育的配慮が可能な状況にあったとも思われません。大阪市立ろう学校をも狂気や悪魔が支配していたのかも知れません。耳が聞こえず「戦力たり得ない」子どもたちの学校には、いつ閉校の命令がくるかも知れないという時代です。とくに当時の大阪市立ろう学校は、ろう児、ろう生徒がいかに「戦力たり得る」存在であるかを訴えるため全力をあげていました。そういう中にあって、黒崎少年など放逐して当然だったかもしれません。

学校の先生、親、会社、地域、国中が「戦争、戦争」という時代です。戦争の役に立たない者は要らない。とにかく一所懸命に訓練して、戦力たり得る者に育てていく。ろう学校もそういう時代でした。

大阪ろう学校を舞台にした『わが指のオーケストラ』というマンガに、黒崎少年はどこにも登場しません。作者の山本おさむさんが悪いわけではありません。山本さんが取材された頃、ふくろうの郷もできていないし、黒崎さんと山本おさむさんの出会いもなかったからです。
今、黒崎さんと私のコンビで高校などに出前講座に行きます。そのとき必ず黒崎さんが語る場面があります。

屋台を押して僕もお母さんの手伝いをします。お母さんはとても疲れて、毎日毎日、遅くまで働いて、お金をかせぎます。十分食べられないで無理に働くので栄養が足りない、心臓が弱くなって入院してしまう。たまにお父さんが仕事場から帰ってくると、「メシのしたくがない、風呂も沸いていない」と激怒して、血眼《ちまなこ》になってお母さんの居場所を探して、入院している病室にまで来て、「家に帰ってこい」と、家に連れ帰ろうとします。病人ですよ。「早く帰って来て、メシをつくれ。風呂を焚け」と迫る。僕は、お母さんを守ろうとしたが、お父さんに突き飛ばされて守れない。さわぎを聞きつけて医者がやって来て叱りつけても、お父さんは肩を怒らせてお母さんを張り倒したりする……。

そして、一三歳の黒崎少年を残してお母さんは死んでしまいました。

黒﨑少年は小さな小さな胸を一人で痛め続けただろうと思います。「ぼくがいなければお母さんはお父さんになぐられることはなかった」「お母さんが心臓を悪くして、病院で血を吐いて死ぬこともなかった」と。

「母を死に追いやったお父さんを許せない、学校に行けなくしたお父さんを許せない、一緒にフトンをならべるのはいやだと家出した」

黒﨑少年が寝起きしたのは墓地です。お寺の隣にお墓がありますよね。そういうところで寝泊まりをした。お墓では、お供え物にありつけることも理由の一つだったそうです。それを食べて飢えをしのいだといいます。

黒﨑さんは語ります。

「ある日、夜中に目がさめて、小便したくなった。立ちションをしていると、目の前にふわふわと浮くものが見える。青白いひとだまがふわふわと浮いていた。自分はろうなので、火の玉からの恐い音も聞こえない。平気だった。物珍しく見ていた。きっと聞こえる人は、怖くて「ギャー！」と腰をぬかすかもしれません。聞こえると怖いですからね。

翌朝、改めてその辺りを見に行った。すると、古い、誰にもお世話されていないお墓があって、よく見ると、誰もお参りしてくれてない放ったらかし。誰もお参りに行っていないお母さんのお墓や自分の境遇と同じ。

黒﨑少年は捨ててあったわらを探して、一所懸命、墓石を磨いて、草もむしってきれいにした。「でも、何か足りないなあ」と、何か寂しい感じがする。あっちの立派なお墓から、お花をひっこ抜いてきて母と心の重なるお墓に花を飾りました。

それでもなんだか物足りない。今度はお供え物をこっちの墓に供えました。それでも、まだ足りない。黒﨑少年はお腹が空いたままなんですね。だからお墓に手を合わせて、他からもらって来たお供えをポケットに入れて、夜になったら食べた。「生かされて、ありがとう」みたいな、そんな暮らしを一カ月半もしていたと語ります。

大阪空襲（一九四五年）では、一人で逃げまどい、命だけは助かったそんなときのことだそうです。一六歳のときです。

空腹の話は繰り返しされました。戦時空襲の体験の語りの中で、警報が出ると、これで空腹が満たされると心がおどったといいます。どういうことかというと、みんなが防空壕に避難して家を留守にすると、食べものを盗んで食べられたからだといいます。B29の焼《しょう》夷《い》弾が雨のようにふってきた。家の二階で寝ていて窓を開けたら外は火の海、命は助かったけど食べるものがなくて苦しくて、土手に生えているヨモギを摘んで生で食べたけど、とても腹のたしにならなかった。彼のヨモギの手話を読みとるのはなかなかわからなかったのですが、「緑」という手話でヨモギのことだとわかりました。ヨモギを食べても、お腹はいっぱいにならない。

戦後、黒﨑さんはどうやって生き抜いたか。同じ境遇のろう仲間一〇人くらいでスリ集団というか、窃盗団をつくって世話役になったと語っておられます。

「盗みで、五回刑務所に入れられた。最初は一九歳、名古屋の少年刑務所に入れられた。刑務官の制服の袖先に線が入っている。一本二本…四本と地位が上がる。刑務官に引っぱられて、絞首刑を見せられたこともある」

黒﨑さんは微に入り細に入り語るので、手話を見ていると身がすくみます。

なぜ工場で働けなかったのでしょう。

「『募集』のはり紙を見て雇ってくれそうなので、身振りで働きたいと手を合わせてたのんだ。すると紙に何やら書いてくれた。私には、『募集』だけは読めたんだけども、その文字が全く読めなかった。小学一年しか学校に行けなかった。読めない書けないやつはダメと身振りで追い出された」

とにかく食べられること。それが暮らして生きる基盤です。そのためには収入が必要です。働く場所はあるのに雇ってもらえない。自分は必要とされない。邪魔者みたいに出て行けと追い払われます。黒崎少年の心はますますさんでいきます。それが窃盗団のボスになっていく黒崎さんの姿でした。

心の奥深くとじこめていた人生を語り始める

黒崎さんは語ります。

戦後、名古屋駅のあたりでルンペンをしていた。煙草のすいがらを集めてそれを再生して人に買ってもらったりしていた。そんな頃に三人組のヤクザにつかまった。寝る場所にも食べるにも困っていたので、迷ったがおとなしく大きな屋敷に連れていかれた。

三人組は組長の息子と娘で、娘は手話がわかりろう者だった。その娘の背中には仏像の彫り物があった。

組長の屋敷のすぐ前は木曽川。その河川敷で、名古屋から来た別の組と抗争になった。サラシ木綿を胴にまいて、刀を持たされた。

まるで東映のヤクザ映画のような状況ですが、

僕は泥棒はやったが人殺しはできない。どうしようと無茶苦茶に刀を振り回していたら、左の脇腹を刺された。そばにいた組長の娘が気付いて相手の男を斬り殺した。あたりは血だらけで川も赤く染まった。ヤクザの世界には、もういたくない。ここから足を洗いたい。

組を抜け、足を洗うには指を詰めるというのがありますね。でも、黒﨑さんに指の詰め方を誰も教えなかった。ちょっといいですか、やってみますね。こんな感じです。（右手の指を全部開いて板の上に乗せ、左手に持ったドスの切っ先を、右手の中指近くの板につけて）腹に力を入れて「エイッ」と刃を押しあてたそうです。自分で自分の指を詰めるわけです。詰めるのは小指一本だけでいいのに三本も詰めてしまった。

組から二〇〇〇円もらって大阪に戻ったけど、その金でろう者仲間と遊びまくってすっからかんに。ある日、くつ磨きで食べているろう夫婦から、極道はええかげんにせよ、汗を流して働けと諭された。何度も何度も言われて道具一式をそろえて即席で磨き方も特訓してくれた。

大阪戎橋《えびすばし》の今のグリコの電光看板や食いだおれ太郎などがある繁華街が仕事場だったそうです。しかしそれも客がどんどん少なくなり食べられない。

クズ屋もしたと語られます。段ボールだけでは安い。昔の腕があるから倉庫に「いい鍋があるなあ」と見つけると、つい段ボールやボロの中に隠した。気がついたら前方にパトカーが待っている。警官が近づいて来て「ちょっと待て」とでっかい懐中電灯であちこち照らしたり、警棒でつついたり調べられた。これはダメだ、また刑務所かと腹をくっていたら「もう行け」と身振りをされて一気に緊張がゆるんだ。

指もないし、一所懸命、靴磨きもやっていたし、今は、クズ屋もやっているので、「まあ、しょうがないか」ということで、警官も目をつむってくれたのかも知れません。戦後一〇年二〇年……彼の人生は楽なことがありません。

戦争が終わり、新しい憲法や身体障害者福祉法が制定されても、黒崎さんたちの暮らしは厳しく辛いものでした。公的に何の援助もない中で一人で生き抜いてゆくわけです。黒崎さんの名前は時安というのですが、両親が心穏やかな生活（時間）が過ごせるように、そう成長してほしいと願って、名付けたのでしょう。これは私の想像です…。でも、ここまで彼の人生を振り返ってみて、安らかなときというのはあったでしょうか。

語りを深めるための取り組み方

淡路ふくろうの郷の開所と共に入居された黒崎さんが、人前で、人生を語り始めるまでに、四年も要しています。最初は「戦争体験を語る」とのテーマで講師を頼まれました。計画したのは全通研淡路班の仲間です。断片的に語っていた戦争体験を是非とも聞きたいということで班の仲間と私共二、三人で準備をはじめました。

準備というのは写真を集めることでした。記憶を呼び出すための一つの材料です。戦争中の神戸、大阪空襲の写真や当時の人々の生活風景の写真などです。さらに個人的に語ってくれていた刑務所での記憶を触発してくれそうな写真など、五〇枚くらいになりました。

最終的に黒﨑さんの人生語りは解説書をつけたＤＶＤとして完成し、今日、持って来ています。手話での語り映像として記録し、戦中戦後を生きたろう者の人生を、暮らしを学び合う教材にしたいと、黒﨑さんとの共同作業で完成させました。

戦争が再び繰り返される可能性が強まっています。繰り返されないためには、学び合いが必要です。そういった教材の一つにしたいのです。高齢者の人生は今記録し、歴史として残す努力をおこたれば消えてしまいます。黒﨑さんはそれに応えて語りを重ねるごとに貴重な記憶を新しく引き出されました。

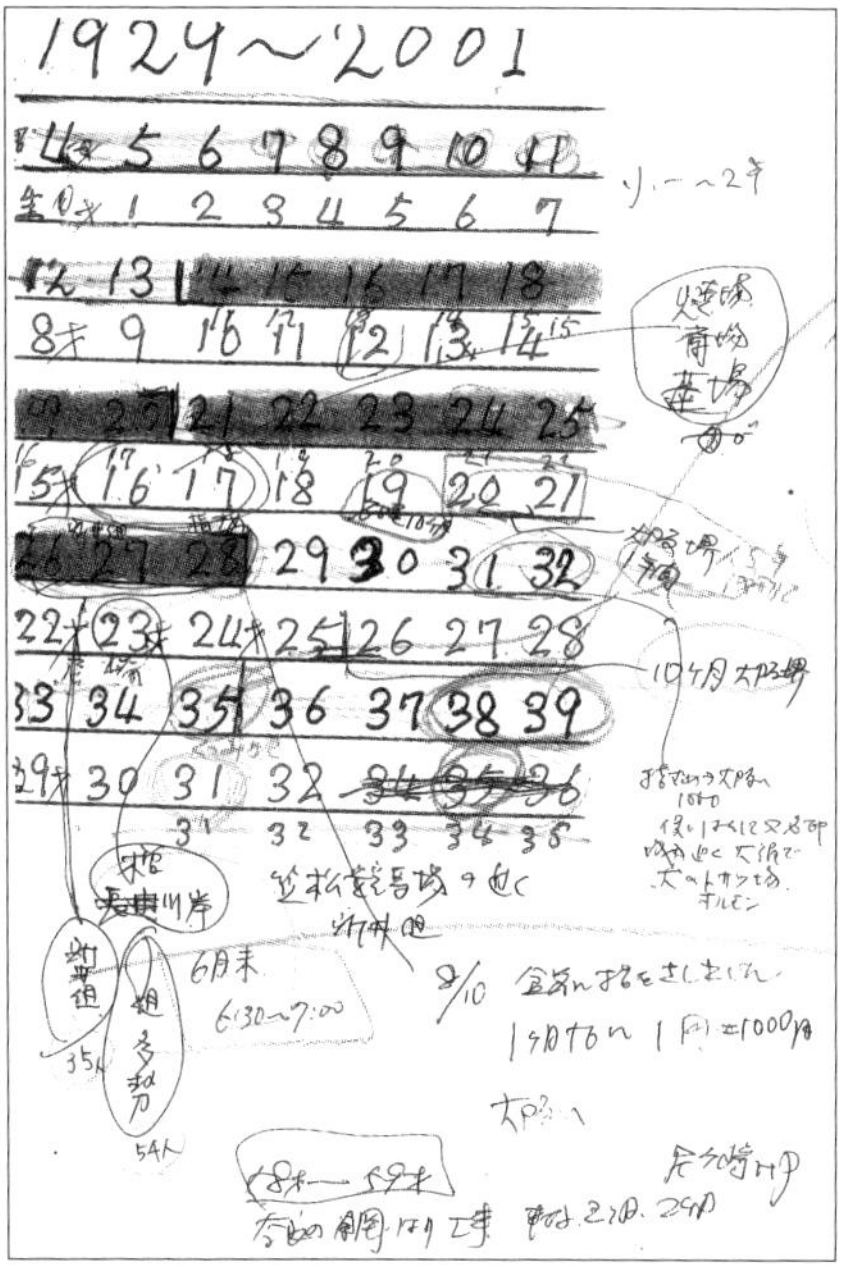

黒﨑さん作成の人生年表
２段構成で上段は昭和年号、下段は年齢を示している。

上の図は黒﨑さんが人生を語るために自ら工夫して作った人生年

表です。

こうしたなかで、黒﨑さんは戦争体験だけでなく、それまで恥ずかしいことだと、秘かにとじ込めていた人生を初めて語られたのです。

私たちが黒﨑さんと出会った頃、切断された指が、なぜなのかわかりませんでした。プレスの仕事中に切ってしまったのかなくらいに勝手に想像していたのです。ようやく、指を詰めた辛い体験がわかりました。

聞き手に伝わらない悔しさ—語りをつむぐ人との対話—

黒﨑さんも、語りながら怒ることがあります。見学団体が来たときに自治会長として挨拶をします。そのときに人生を語るのですが、ある県のろう団体が来たときです。高齢者もいました。彼の話に「非常に感動した」と感想を言ってくれるのかなと思ったら、「エッあいつ」と黒﨑さんを指さして、盗みまくったとでも言うように「盗み」の手話を反復させたのです。

すると、黒﨑さんは語りを中断し、「食べられない。仕方がなかったんだ。もうほかには方法がなかったんだ」と悲しげに手話を返されるのです。

私も間に入って、「スリ、窃盗が彼の仕事みたいになったときもあっただろう。しかし初めから盗みをして食べようとしたわけではありません。私もみなさんも親に食べさせてもらい、ろう学校で学べたでしょう。お父さんが彼をうとんじないでお母さんと支えあっていけたなら、そしてろう学校で学び続けていたら工場で働けたかもしれません。スリをする必要はありません。筆談できないからと門前払いされることもなかったでしょう。大阪刑務所では強悪犯というか、両手に皮手錠されて独房にとじこめられている受刑者の下《しも》の世話をさせられた。便などですごい悪臭のふんどしや衣服を交換してあげたのです。そんな人生を歩まねばならなかったくやしさや辛さ、そして怒りを、あなたたなら私たちなら共感できるはずでしょう」と、強い手話で黒﨑さんの語りを補足するのです。

完成したDVDのケース

少年刑務所では、刑務官に「お茶がまずい」と投げ捨てられ、何度もいれ直しをさせられた。「こんなものが飲めるか。お茶ひとつ、まともにいれられないのか」と怒られたり、何度も何度もやって、お茶のいれ方を覚えた。この語りの部分でも「いろいろ学べて、教えてもらえてよかったネ」と女性の反応が出てきます。

黒﨑さんは今みなさんにコーヒーをいれてくれています。「お茶もコーヒーも刑務所で学べてよかったね」というような反応を示されると、「えっ‼　あなたは刑務所でお茶のいれ方を覚えたいですか？　それとも親や学校で学びたいですか？　どっちがいいですか」と黒﨑さんはつめよってしまいます。

自分を語る黒﨑さんが本当に言いたいことが、なかなか伝わらないことがあります。そんなとき、なぜ非難されるのかとけわしい表情もみせられます。人生の語りがそのままわかってもらえるわけではないということもかみしめつつ、ＤＶＤは制作されました。

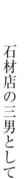

石材工だった花房豊治さんの人生

花房さんの仕事姿

石材店の三男として

次の方の人生に移ります。花房豊治さんです。

昨日のお昼に黒﨑さんのＤＶＤと花房さんの人生の本が納品されて、出版のお祝いをしました。黒﨑さんに次いで背広姿の花房さんにも司会者から「どうぞ挨拶を」という場面になりました。しかし手話はなく、黙ったままわずかにうなずかれるのみです。それが「花房です」との自己紹介・挨拶なのです。上の写真をみて下さい。仕事をされているときの姿です。すごいですね。匠というか非常に腕のいい石工、職人です。しかし挨拶などの手話は出てこない。手話とはちょっ

花房さんの結婚式

と違うのですが、夫婦で通じあう「ことば」を持っておられるのです。ご夫婦では通じています。私はその合図を見ただけではわからないのですが、ご夫婦はよく通じていらっしゃいます。

上の写真は、花房さんの結婚式の写真です。真ん中の、眉の太い花婿が花房豊治さんです。家族や親戚の方、仲人の方が並んでいらっしゃいます。家の中で結婚式を挙げられたということで、ご立派な家です。お父さんが「花房石材店」を営んでおられ、彼は三男でした。四人兄弟の三番目です。妹さんもいらっしゃいます。四人の中で彼だけがろうです。お兄さんもここに写ってらっしゃいます。

今から考えていただきたいのは入籍についてです。今は結婚しても入籍にこだわらない人もおられますが、以前は入籍をするのは当たり前でした。謄本をみると、入籍手続きをしたのが昭和四〇年（一九六五）とありました。

結婚されたのは昭和三〇年です。家族・親族そろっての結婚式の写真は昭和三〇年に撮影されたものです。しかし、実際の入籍は一〇年後です。父親が亡くなって家業が破産して、石材店をたたむことになって、家を出されて、二人が明石から加古川市のアパートで生活を始めたのが一九六五（昭和四〇）年。そこで初めて入籍手続きがされたことになります。

一六年も支給されなかった「障害者手帳」

なぜ花房さんの入籍が昭和四〇年なのでしょう。昭和四〇年というと、ろうあ運動がお願い運動から、ろうあ者の生活を守る権利獲得運動へと大きく性格をかえてゆく時代です。手話通訳養成の設置、手話サークルが広がりを見せた頃です。

そうした背景があって、花房さんがろうあ者仲間と出会い、ろうあ協会とつながり、福祉事務所とつながり、公的支援が始まったのではないかと思います。もしかしたら今でもどこかに別の花房さんが埋もれたままになっているかもしれません。

次に考えたいのは、障害者手帳の交付についてです。障害者手帳の交付が、ようやく昭和四一年です。夫婦ともに同じ一一月七日が交付日です。障害者福祉法は一九四九（昭和二四）年一二月に制定されています。手帳制度も含めて翌年四月から施行されました。

でも、実際に花房さん夫婦に交付されたのは昭和四一年ですから、一六年ものブランクです。その間、障害者として公的福祉の恩恵はいっさい受けられていない。花房さんの存在そのものを、福祉事務所は知らなかったということでしょうか。なぜこんなに遅れたのでしょうか。なぜ手帳の交付が放置されていたのでしょうか。

花房さんの人生で、はたして戸籍や手帳制度があることを学ぶ機会があったでしょうか。誰かに教わることがあったでしょうか。お二人とも学校教育・義務教育から排除されました。不就学です。誰かが教えなければ、わからないのは当たり前ですよね。私も、またみなさんも、教えてもらったから結婚したら届出をして入籍するとか、いろいろな知識を身につけてきたわけでしょう。

教育を受けられなかった、またろう仲間の集団にかかわる機会がなかったために手話の獲得や学習ができなかった、そういうマイナスの条件が重なり、さらに公的福祉も花房さんのろう者としての存在をつかんでいなかった。放ったらかしだった。籍を入れるのに一〇年かかり、障害者福祉制度、障害者手帳、当時は国鉄運賃の割引ぐらいにしか使えなかったですが、それでも一六年も交付されていなかった。

石材工として腕をみがく

けれども花房さんは、家庭環境によって石材工としての能力をどんどん高めてゆかれた。花房石材店の息子としてお父さんを見て育ち、お父さんが仕込んでくれて、石材加工技術の腕を上げた花房さんであったのですが、父親の死後に店がつぶれてしまいました。おそらく取引のあった石材店に雇用されて働き続けられて、最終的には山本石材店の親方が引き取られました。文句もいわずに黙々と働く花房さんの人柄や仕事ぶりに見合わない低賃金、みかねた山本石材店の親方に引き取られ、さらに精勤されたということです。

「花房さんの人生を本にする取り組みをしているので、仕事ぶりとか教えてほしい」と山本石材店に電話を入れました。すると、すでに親方は亡くなられていて、息子の代になっていることが判りました。息子さんによると「詳しいことはわからないけど、とにかく先代の親方の仕事をよく見ていて、一所懸命な方だった」ということです。自分で花房

花房さんの自分史の表紙

家の墓も建立されていました。

各家庭に家紋があって、お墓にもよく刻まれますが、花房さんは頼まれて造ったお墓に「ダビデの星」を刻んでしまった（笑）。星が非常に好きだったかどうか。星と会話をされていたのかも知れませんが、親方も注文した人も勝手にそんなことをされて、さぞびっくりされたかと思うのです。そんなエピソードを知ると、花房さんが自信に溢れて仕事された姿が浮かんできます。本当にのびのびと仕事に打ち込まれ、創造豊かに自由に石を彫っていたことが想像されます。

開所した、淡路ふくろうの郷で夫婦そろって暮らしていました。奥さんのふさ子さんは「ふくろう大学」の書道講座など、一回も休まれませんでした。非常に活発な方で、加古川のろう協に入会されてからは文字を教えてほしいと懇願され、一所懸命にひらがなや漢字の同じ文字をノートいっぱいになるまで書かれて「見てほしい、直してほしい」と懇願されたそうです。ふさ子さんはそうやって学び、手話も獲得されていったそうです。一方、豊治さんは「めんどくさい。おれはこの腕があるから、そんな文字なんか要らん」と、職人気質ひとすじだったようです。ろう協の集いにも「おまえが行けばいい」と言って、豊治さんは家で悠然たる格好でテレビをみておられたそうです。加古川の自宅で、ヘルパー派遣など利用していましたが、やはりお二人だけでの暮らしは難しいということで、ふくろうの郷に入居されて、来年で一〇年になります。ふさ子さんが昨年亡くなられ、この自分史完成に間に合わずとても残念です。豊治さんはお元気です。

語れない花房さんの手がかり

妻のふさ子さんが、入居の際持参された二冊のアルバム、これが自分史づくりの大きな手がかりになるのです。一つひとつ写真を示して「これは何なの?」と尋ねると、ふさ子さんは細かいことは難しいのですが、手話がかなり通じるようになってきていて、写真のそこだけを話題にできるのです。豊治さんはその側で首をふってうなずくだけでした。ただ、ふさ子さんもその写真について「なぜ」とか、「前後関係」とかの会話が成立しないので、掘り下げた話はなかなか難しかったです。

私たちがなぜ花房さんの人生の本づくりにとりくんだのか。理由は、会話が深まらないままで終わってしまわないよう、何とか深めたい、だからこそとりくみたかったのです。ありあまる程の人生経験を経ながら、それを伝えるすべを得ることができなかった花房さんだからこそ、私たちで、そこを確かめたかった。そんな方々がふくろうの郷におられること、もっと言えば、同様の高齢ろう者がろう者集団からも切り捨てられようとしているからです。

花房さんにお願いし、同意もいただいて、私たちが知り得ない、花房さんが語れない空白、その人生を断片でもいいから明らかにしたいと思ったのです。苦労はありましたけれども、昨日七月三日に納品されて、午後はお祝い会をしました。ぜひみなさんも読んで、学んでほしいです。

『ふくろう学びあい文庫』と名づけた第一冊目のこの冊子から私たちは何を学びあいたいのか。それはたくさんあります。

たとえば花房さんご夫婦はなぜ学校で学べなかったのでしょう。神戸のろう学校は戦前からありました。戦後の一九四八（昭和二三）年の盲ろう教育の就学義務化のもとに姫路・淡路・豊岡にもろう学校が作られ、兵庫県では四校となりました。しかし、そのときお二人はすでに二〇代の後半三〇歳に近い大人でした。その年齢に相応しい教育はまだまだ考えられない時代だったのでしょうか。

学校で学べないことは、どれほど大きい問題でしょう。組織的な教育の中でこそ、言語の獲得と人類の習得した知識を学ぶことができます。対等にコミュニケーション可能な手話の仲間をつくることは、ろう者が人として自立し、さらなる発達の獲得、人として成熟してゆく、その土台として不可欠です。

共通の言語で話しあえる仲間を持てなければ、交わり、願いを共有してゆくという本質をもつコミュニケーションもありえません。いろいろな人から情報を得て、学び発達をつみ重ねていくことも困難です。

花房さんは「石」と向き合い、石と無言の対話をされることで見事な墓石を造られたとは思います。墓石にする石材を通して、この石はこういうふうに刻めばうまくいくとか、こんなふうにやったらいいだろうと、向き合われていたでしょう。これはかなり一方的なものです。石は、言葉・言語で話しかけてはくれません。あくまで向きあう本人の精神的世界というか、ものづくりの特別な世界だけしかありません。もしかしたら、これが幸せな人生と言えるかもしれませんが、それしかできない。石材と向き合うのと同じくらいの真剣さで、人と考えや気持ちを重ね合わせることができません。ふさ子さんとは夫婦として二人だけの合図・ことばを創造し、気持ちを重ね合わせて通じ合い、夫婦としての人生がいとなまれて来たのでしょう。でもろう夫婦なら「それで十分」とか「それしかない」とうち捨てておいてもいいのでしょうか。

この冊子から考え、気づいていただきたいことはたくさんあります。たとえば結婚して子どもを産み育てることについて、ふさ子さんに尋ねたときのことが冊子にあります。「子どもは?」と聞いたときに、「やめて」と制止されました。「聞かないでほしい」と、涙をこぼされました。涙がこぼれてしまうほどの、辛く悲しい思いをされてきた。それはどんなことだったのか。

子どもについて、くやしい、辛い、悲しいとおっしゃる高齢ろう者は花房さんだけではありません。最初にお話した勝楽さんのお人形の話（一七ページ）を思い出して下さい。

ようやく完成した花房さんの記録が『ふくろうまなびあい文庫』の創刊となりました。

そこに次のような文章を入れました。

「ふくろうまなびあい文庫」創刊にあたって

障害者権利条約は、五年もの歳月をかけ、二〇〇六年一二月一三日に国連総会で採択されました。日本は、障害者基本法の改正などの法整備をへて二〇一四年に条約を批准しました。いまや私たちは憲法とともに権利獲得運動や事業活動のたしかな根拠を手にしたのです。

しかし、現実には、社会的孤立と貧困は年々深刻化するばかりです。

兵庫県の聴覚障害者八八八人を対象とした二〇一四年の調査では、年収一五〇万円未満の人たちが四三・六%にのぼり、七七・三%の人たちの収入源は国民年金障害基礎年金が占めています。とりわけ高齢ろう者は、戦争によって教育を受けられなかったこと、子どもを産むことが許されず、断種を強制された苦しみなどがこの調査で明らかになりました。

私たちは、憲法や障害者権利条約が一人ひとりの暮らしの中に生かされるためには、こうした実態や高齢ろう者の生活体験を個人的な体験にとどめず、わかりやすい形で、多くの人たちに知ってもらい、みんなの歴史にしていくことが必要だと考えました。

「ふくろうまなびあい文庫」は、特別養護老人ホーム淡路ふくろうの郷の入居者などの経験をもとに、職員や高齢ろう者とともに歩んできた人たちが一緒に編集した新しい学びのための記録集です。
一人ひとりが大切に尊重され、共に生きる社会を実現していくために活動している多くの人たちに高齢ろう者の経験と知恵を届けるために、この「まなびあい文庫」を発刊するものです。

ふくろうまなびあい文庫編集委員会

（二〇一五年五月三日　第六八回目の憲法記念日に）

ろうあ産業兵士——戦中のろう者

鉄砲で表わす「尼崎《あまがさき》」の手話

六月（二〇一五年）に発行されました全通研の機関誌『手話通訳問題研究』の一三二号に「戦力たり得る者『聾唖産業兵士』」というインタビューを載せてもらいました。戦後七〇周年を記念した特集ですが、ぜひ読んでいただきたくて、この機会に紹介しておきたいと思います。

「尼崎」という手話があります。これは会社の固有名詞ですが、その後「尼崎」という地名の手話としても使われたようです。この「尼崎」という手話に含まれている戦中のろう者の姿を語り継いでいきたいものです。「尼崎」の手話にこめられた「聾唖産業兵士」なるものの事実・歴史のもつ意味を消してしまってはならないからです。

写真のとおり、鉄砲をかかげる手話がなぜ「尼崎」なのか大変興味を持ったわけです。調べてみますと、いろいろなことがわかって来ました。戦中の一九四〇（昭和一五）年ぐらいだったでしょうか、京阪神を中心に当時の「日本聾唖協会」の組織をつうじて優秀なろう者が尼崎に集められました。その数、一〇〇人を超えると言われています。東京の人はいなかったかもしれませんが、群馬県から来たろう者がいました。林さんという方です。その方は戦後ろう学校の職業科の先生となり、ろう学校の職業科に機械工作科を設けるべきと強く校長に進言したといいます。

中村正一氏の手話「尼崎」

次ページの写真の前列中央が尼崎精工の社長杉山興一氏で息子さんは杉山平一氏という歌人です。宝塚にお住まいでしたが生前に、

尼崎精工社の記念写真（前列中央の白いスーツ姿が杉山興一氏、向かって左端は黒川孝信氏）

『わが敗走』という著作の中で、父の事業やそれを引き継いだ自分について書き残されています。

次ページの写真、二人の兵士の一人は土居正一さんです。土居さんは教師である父をもち、松山ろう学校の優秀な卒業生とのことです。

松山を飛び出し戦争に役立ちたいと砲弾の信管を製造していた尼崎の軍需工場に身を投じた熱血青年でした。土居正一さんの結婚相手が中村文子さんで、現在はふくろうの郷で暮らしておられます。今年（二〇一五年）八月一〇日で満一〇〇歳を迎えられます。その文子さんの弟さんが中村正一さんです。お姉さんの文子さんが一〇〇歳なら弟さんも九六歳とそろってご長寿です。文子さんの夫と弟が戦時中に、尼崎精工に産業兵士を志願したのです。

ろう者の職を奪った「七・七禁令」

二五〇〇人もの工員を擁する軍需工場尼崎精工とろう者との結びつきは「七・七禁令」にありました。

昭和 19 年 2 月 5 日
右：土居正一
左：中村正一

七・七禁令とは、一九四〇（昭和一五）年七月七日に施行された「ぜいたく禁止令（奢侈品等製造販売制限規制）」のことです。法の施行日をとって「七・七禁令」と呼ばれ、ろう者は七月七日の「七夕」の手話に「禁止」をくっつけて表わしました。

戦時下にあって絹織物に金銀糸を使う、京都の西陣織とか京友禅がやり玉にあげられました。「七・七禁令」が出されたことで織物や染め物など、西陣織や友禅染関係の仕事をしていた多くのろう者は、仕事を失いました。戦争によって生活の基盤が奪われたのです。

その一人が福山農扶一《のふいち》さんです。福山さんを少々紹介します。この人はすごい方です。京都ろう学校在学中にストライキを指導した生徒でした。首謀者というと悪いことをしたとみられますがいわば正義の首謀者でした。時代がとびまして、私も首謀者ではなかったのですが、同じ京都ろう学校で、生徒会長のときにストライキ※で闘ったことがあります。

さて福山さんはなぜストライキを闘ったか、おそらく口話教育の導入、手話の否定、そういう教育をすすめようとする先生への反発・不満が根底にあったようです。でも、私のとき（一九六五年）とは時代が違います。戦時中です。福山さんは一発で学校を首になったのです。

※一九六五（昭和四〇）年一一月一八日、京都府立ろう学校高等部生徒会が、学校行事（写生会）を拒否して、わかる授業とろう教育の民主化を求めて集合し、抗議したストライキ。

しかし学業優秀で信望の厚い福山さんは、高橋潔校長の大阪市立ろう学校に転校というか転入する形で学業を続けられたようです。それは福山さんが単独でされたのか助けた先生方がおられたのか詳しくはわかりません。ろうあ者の尊厳を守るために力を尽くした硬骨漢というか、すごい活躍をされた人なんです。

卒業後、京都に戻られて、友禅画工の仕事をされていたのですが、「七・七禁令」で、生活の基盤が奪われてしまいます。妻も子どもも食べさせていけない。

困りはてた福山さんは、京都駅前にあった職業安定所（現在のハローワーク）に相談に行ったのです。ろう学校に頼らず公的な機関に困っていると訴えられたのはすごいことです。当時の職安は、国の機関の一つとして軍需工場の人手確保にやっきとなっていたのでしょう。尼崎の軍需工場を紹介された。国民総動員法（一九三八年）が出るちょっと前ですね。求職者を軍需工場へ優先的に送っていったわけです。で、福山さんも「尼崎の工場に行ったらどうだ」ということで働き口を得た。軍需工場・尼崎精工です。

福山さんが偉かったというか、すごかったのは、自分一人だけが尼崎精工に向かったのではなかったことです。京都には職を奪われた仲間のろうあ者がいるわけで、その仲間九人か一一人かを呼び寄せて一緒に行ったわけです。困窮している仲間を誘い合い引き連れて行った。それはすごいなあと思います。自分も本当に苦しい、しんどい。しかし、同じように苦しい仲間がいることを忘れない。

一挙に優秀な工員を得た尼崎精工は、手話で指揮可能な人材を確保すると同時に、福山さんたちにもっと仲間を集めるよう指示したようです。四八ページの集合写真の一番左端の人物は黒川孝信さんという方です。彼は本願寺関係の人物とのことで、京都聾唖自立会というろう者の後援会に加わり、そうしたことから尼崎精工にろう者工員の労務として派

血涙呑み敢闘
薄倖嘆かず 鐵火の意志
更生の福山君

京都日日新聞 1941（昭和 16）年 1 月 17 日
贅沢は敵だという「七・七禁令」により職を失い、困窮した福山氏を尼崎精工につないだ職業安定所の状況を伝えている。

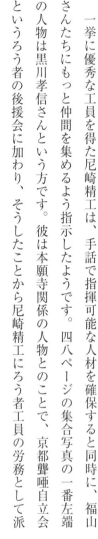

遣されたようです。京都の本願寺大谷家はろう者に縁があったそうですが、そのつながりかどうかは詳《つまび》らかではありません。

「産業兵士」となった大量のろう工員

福山さんをはじめ、ろう者工員は次々と一〇〇人近く採用されて、一一棟ある工場の内、第二工場の主力を占めるほどだったといいます。注目するのは工場の中にろう者の自治組織「工和会」をつくり、冊子型の会報まで発行していた。何の目的なのか考えてみると「仕事をさぼるな。頑張って働け。ろうあ者の本物の能力・人間性を聞こえる人に示せ」、そういったスローガンで、ろうあ者の働く意欲をもり上げ鼓舞するというか、「ここに真実のろう者あり」と会社の経営側にも誇示したかった、文章にはそんな心情がにじみ出ています。聞こえる者はどんどん戦地に送られて行く。「甲種合格」とか「乙種合格」と

尼崎精工の『工和會報』表紙

昭和 18 年 4 月 12 日　尼崎精工株式会社
第一ヨリ第九工場優勝旗競シテ第二工場ニテ一番勝チ
（タレーツト競争）聾唖者皆揃ツテ撮ルコト
聾唖者　九十人数　中村正一　二十七才

いう手話があります。ろう者も平等に徴兵検査を受けさせられるのですが、聞こえないから兵役に向かないと落とされた。当時にあっては落とされるということは、言葉にならない程くやしいことだった。「ろう者はバカ者!!」「おろか者!!」「何の役にも立たないくず!!」、罵詈雑言を次から次へと浴びせられた。そんなくやしさの中で二五〇〇人もの巨大な軍需工場に雇われたこと自体が、天にも昇る気持ちだったかも知れません。もし、ろう工員から不良工員が出たりすると、ろう者全体の評価を損《そこ》ねることになる。しめつけの意味も含めて「工和会」を組織したと思われます。「ろう者でもできるんだ。聞こえる者に負けずに仕事ができるのだ」と、ろう者同士が結束をする。「われわれを見てくれれば判る」そんな気持ち、感情が伝わってくる会報です。

黒川さんが最初に一文を寄せています。時局をよく理解してしっかり働いてもらいたいと。（会報などの資料をほしい方は申し込んで下されば送ります。）

前ページの写真で、右端に旗が、優勝旗が写っています。工場は、第一工場から第二、第三……というふうに、いくつも建屋があって、一一、一二棟あったようです。第二工場で、一〇〇人近くのろうあ者が仕事をしていました。

生産競争の大会があって、第二工場、ろうの人たちが優勝したんです。それがこの写真です。優勝するのは当たり前だと、私は思います。

なぜかというと、聞こえる人たちはほとんど戦地にかり出されています。工場には中学生とか、今の高校生、四国の松山や尼崎の中学生、京都からの教育大生とかもみんな学徒動員で工場に連れて来られている状況の中で、第二工場は京阪神や日本中から選りすぐりのろう者を集結させているんです。勝って当たり前でしょう。戦争が終わって復員兵が戻ってくると、たちまちろう者の評価は落とされます。優勝した頃は、ろう者がその自尊

すもう大会（雑誌『聾唖界』より）

心を最高にした頃でしょう。聞こえる者に勝った！　兵隊には行けないけれど、これがろう者として、産業兵士としてのわれわれの実力だと。

上は尼崎精工の相撲大会です。ちょっと不鮮明で見づらいのですが、個人戦、団体戦が競われた写真です。相撲大会をしまして「勝ったぞ！　勝ったぞ！」とろう者の得意の絶頂ですね。

この写真が掲載された全日本聾唖協会の雑誌『聾唖界』の記事を見つけたとき、私は思わず笑ってしまいました。すると当時のろうあ協会で老人部の役員であった大先輩がえらく怒りました。この先輩は、京都に今もある「日新電機」で、飛行機の計器の部品製造にかり出され、学校も下請工場化していたと教えて下さった方です。

「なんで、おまえは笑うんだ。僕たちは一所懸命、まじめに軍事教練をやっているのだ。

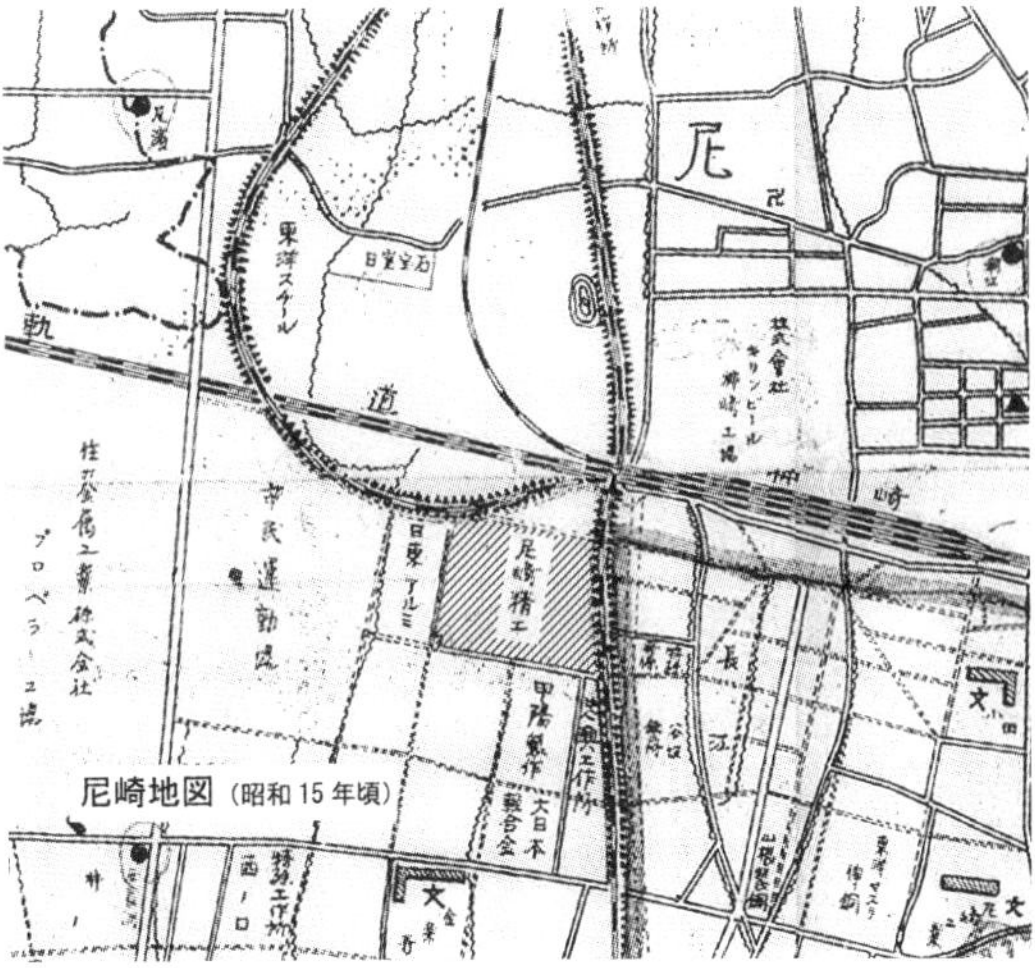

当時の尼崎精工付近の地図（提供・尼崎市立地域研究資料館）

死に物狂いで、頑張って、やっているんだ。おまえに、そういう気持ちがわかるのか。わからないなら、ちゃんと歴史を調べろ。ろう者の暮らしを調べてみろ。調べてない、だから、笑うんだろう」とこっぴどく怒られました。確かにそのとおりだと思いました。私が戦後生まれだからだけでなく、今からすればとても滑稽に見えるのですが、その時代のろう者は一所懸命だったんだろうと思います。一所懸命やることを通して、ろう学校の先生は、兵役につけない教え子も、国策にすり合わせ必死になっているのだと自分たちの存在を訴えたのかとも思うのです。尼崎精工という軍需工場は、教師たちにとって、まさに戦力たり得ないとされている教え子たちの明日の姿であったのです。

尼崎精工では砲弾の信管をつくっていました。多くの人を殺すための武器をつくる。戦争のための

「七・七禁令」で職を奪われ、暮らしの基盤（収入）をこわされた被害者たるろうあ者が自らを「産業兵士」と鼓舞して、人殺しの武器製造に励むのです。被害者から加害者に立場を逆転させた場が軍需工場・尼崎精工だったのです。

殺人兵器作りに参加した痛恨

湯浅保雄さんという方が、生産競争優勝の写真（五四ページ）におさまっています。前列の左はしに足をなげ出し気味に座っている方です。湯浅さんは大阪のお寺の息子です。若いときから戦争反対の運動に加わり、仏教青年会で活動したそうです。ろう者だから、お父さんのお寺の跡継ぎになれず、働きに出なければ食べられない。いろいろな仕事で苦労され、肺結核で長期養生となり仕事ができなくなりました。奥さんが必死に働いてのり切ったそうです。

後に、湯浅さんと私は一九七〇（昭和四五）年頃から「京都ろうあセンター」で一緒に働きました。仕事はろう者の生活と権利を守るための福祉事業を切り拓いて、その事業を国の制度的事業として公費実施を目ざすという、困難ですが、やりがいのある職場でした。手話「尼崎」を調べはじめたのも、湯浅さんの体験がきっかけでした。

「食べるために仕方がなかった」「ほかに方法がなかった」とは言っても、「自分たちのつくった武器が大勢の人を殺した…」と湯浅さんは自分の頭をかかえられることがしばしばでした。食べるために、人を殺す道具をつくらなければならなかった。日本中、すべての人が悪魔にさせられ、人を殺す兵器をつくっている事実に対して、当時平気にさせられていた。

湯浅さんは、戦後ろうあ運動に加わり二〇年、三〇年を経て新しい憲法を学ぶ機会を得、あらためて自分を振り返ったとおっしゃいます。自分がつくったもので、多くの人の命を奪った。「戦力たり得ない」とされた自分たちを戦力たる者として示したい、認めてほしいがために必死でやったことは何だったのか。私にそういった大事なことを教えてくれた人です。尼崎精工に関しても湯浅さんについても、全通研の研究誌に載せてもらっています。ぜひとも繰り返し読んでいただきたいと思います。

ふくろう大学の目指すもの

ろう者の言語と障害、生活と人生に配慮した生活介護にとりくんでいる老人ホームに暮らす高齢ろう者の三分の一は、義務教育をまったく受けていない不就学の人です。次ページの資料1の網目部分を見ていただくと、何も教育を受けていない人が三分の一もいることがわかります。これは淡路の老人ホーム、埼玉の老人ホーム、北海道や広島の老人ホームなど九施設の入居者の人生調査からわかったことです。不就学のために、言いたいことを自由に文字にすることもできません。聞こえない仲間との交流がなかったので、手話もできない。身振りくらいでしょうか。そういう生活体験の貧しさの反映として、すじ道を立てて物事を考えるという、意思の形成も難しい方です。

完全に義務教育から排除され、また、学齢期の途中で教育を受けられなくなった方です。さきほど紹介しました黒﨑時安さんも小学一年で学校に行けなくなっています。昔は、障害者に義務教育は要らないという扱いでした。生活の基盤が成りたつように、一人

資料1　就学の状況（最終学歴）

⑴聴覚障害者養護老人ホーム　　平成 26.3.31 現在

施設名		不就学	ろう学校小学部		ろう学校中学部		ろう学校高等部		普通小学校		普通中学校		普通高等学校		専門学校		短期大学		大学		計	合計
			退学	卒業	退学	卒業	退学	卒業	退学	卒業	退学	卒業	退学	卒業	退学	卒業	退学	卒業	退学	卒業		
あすらや荘	男	5	0	2	1	3	1	4	0	3	0	1	0	0	0	0	0	0	0	0	20	50
	女	9	1	3	0	2	4	8	1	0	0	1	0	1	0	0	0	0	0	0	30	
やすらぎ荘	男	7	2	8	0	5	0	0	1	1	0	2	0	0	0	0	0	0	0	0	26	48
	女	8	2	9	0	1	0	0	0	2	0	0	0	0	0	0	0	0	0	0	22	
田尻苑	男	10	3	1	0	1	1	6	0	1	0	1	0	0	0	0	0	0	0	0	24	50
	女	4	3	1	0	3	1	11	0	0	1	2	0	0	0	0	0	0	0	0	26	
小　計	男	22	5	11	1	9	2	10	1	5	0	4	0	0	0	0	0	0	0	0	70	148
	女	21	6	13	0	6	5	19	1	2	1	3	0	1	0	0	0	0	0	0	78	
合計		43	11	24	1	15	7	29	2	7	1	7	0	1	0	0	0	0	0	0	148	

義務教育未修了者数…43+11+24+1+2+7+1=89（人）
義務教育未修了者率…（89/148）× 100=60.1（%）（うち、29.1% が不就学）

⑵特別養護老人ホーム　　平成 26.3.31 現在

施設名		不就学	ろう学校小学部		ろう学校中学部		ろう学校高等部		普通小学校		普通中学校		普通高等学校		専門学校		短期大学		大学		計	合計
			退学	卒業	退学	卒業	退学	卒業	退学	卒業	退学	卒業	退学	卒業	退学	卒業	退学	卒業	退学	卒業		
あすらや荘	男	1	0	0	0	0	0	0	0	0	0	0	0	0	0	0	0	0	0	0	1	7
	女	1	0	3	0	2	0	0	0	0	0	0	0	0	0	0	0	0	0	0	6	
新得やすらぎ荘	男	3	0	1	0	0	0	0	0	0	0	0	0	0	0	0	0	0	0	0	4	16
	女	8	1	1	0	0	0	1	0	1	0	0	0	0	0	0	0	0	0	0	12	
いこいの村梅の木寮	男	8	1	3	0	5	0	0	2	1	0	1	0	3	0	0	0	0	0	1	25	64
	女	16	4	3	4	2	0	2	0	2	0	4	0	2	0	0	0	0	0	0	39	
あすくの里	男	3	0	4	0	5	0	11	0	1	0	1	0	0	0	0	0	0	0	0	25	79
	女	12	11	5	0	8	0	17	0	1	0	0	0	0	0	0	0	0	0	0	54	
ななふく苑	男	4	0	2	0	9	0	2	0	0	0	0	0	1	0	0	0	0	0	0	18	54
	女	8	0	4	3	12	0	4	0	3	0	1	0	0	0	0	0	0	0	0	36	
淡路ふくろうの郷	男	2	3	8	0	0	1	2	0	0	0	0	0	0	0	0	0	0	0	0	16	48
	女	5	5	11	1	0	1	4	5	0	0	0	0	0	0	0	0	0	0	0	32	
小　計	男	21	4	18	0	19	1	15	2	2	0	2	0	4	0	0	0	0	0	1	89	268
	女	50	21	27	8	24	1	28	5	7	0	5	0	3	0	0	0	0	0	0	179	
合　計		71	25	45	8	43	2	43	7	9	0	7	0	7	0	0	0	0	0	1	268	

義務教育未修了者数…71+25+45+8+7+9+0=165（人）
義務教育未修了者率…（165/268）× 100=61.6（%）（うち、26.5% が不就学）

※聴覚障害者のみ記入する。※尋常小学校は、普通小学校に含む。※高等小学校は、普通中学校に含む。※旧制中学校は、普通高等学校に含む。『ささやき第 16 号』平成 25 年度聴覚障害者老人ホーム活動報告集（全国高齢聴覚障害者福祉協議会）

前の労働力として教育して育てるという視点のかけらも見られなかった。

日本の学制は一八七二（明治五）年の学制制度から始まっていますが、盲ろう学校の就学義務は戦後の一九四八（昭和二三）年からです。だから就学できなかったろう者、とりわけ高齢ろう者の教育保障、学習要求には、今からでももっともっと真摯にこたえるべきです。

昨年（二〇一四年）、必要があって沖縄タイムスを郵送してもらっていました。ある日の紙面に引きつけられました。特集記事が組まれていました。そこには八〇歳を超えた方々、あの日本の敗戦直前、沖縄地上戦のために義務教育未修学となった方々の強烈な学びの姿が紹介されていたのです。沖縄では戦中、学校教育が止まったため、学べなかった方々の学習意欲に応えようと、公費支援をしているのです。那覇市にある学校「ＮＰＯ珊瑚舎スコーレ」がその一つで、紹介されていたおばあさんは、孫と同じような子どもと一緒に、一所懸命に学ばれました。

文字が読めない書けないということで、誰もいないときに新聞などを写して覚えようとされていた。それを孫がみつけて珊瑚舎入学をすすめたということです。夜間ですから大変だったでしょうが、珊瑚舎に通うことで学ぶ喜びに心が満たされます。わかっていくということで一層学ぶ意欲が湧き、中学校を卒業しても、もっと学びたいということで、高等学校に進学されて、まもなく卒業式を迎えられるという感動的な記事だったのです。

紹介されていたのは女性がほとんどです。男性はあまりなかったのですが、沖縄で、障害を持って、生き、暮らして来られた、高齢のろう者にも、珊瑚舎のような学びの場が教育行政の公的な施策としてはじまることを願いながら、連載特集をくりかえし読ませてもらいました。

淡路ふくろうの郷では学びの場として「ふくろう大学」を続けています。それを、ゆくゆくは公的施策につなげたいと思っていますが、不就学の方々への教育保障が府県や市町村で実施されているかというとまったくありません。社会教育としては年数回のたとえば料理講座とか、社会見学とかそういったものです。それらの講座もろうあ運動の成果の一つですけれども、実態を反映させ、もっと要望に沿ったものに充実されるべきです。そして学ぶ機会を奪われた方々に学びの場をつくる必要があります。

私は、そうした学びの場に代わるものとして、一人ひとりのその人の人生を「ふくろう

資料２　在宅における身体障害者数

平成25年版『障害者白書』によると「在宅の身体障害者 357.6万人の年齢階層別の内訳は、65歳以上221.1万人（61.8％）であり、70歳以上に限っても177.5万人（49.6％）」となっている。

なお、昭和45年には65歳以上の割合は31.4％であり、当時より倍増している状況にあるうえ、18〜64歳の割合が現在とは逆転している。

さらに、同白書ではわが国の高齢化率は調査時点の平成18年には20.8％であることから、「身体障害者ではその３倍以上も高齢化が進んでいる状況にある」とされ、「人口の高齢化により身体障害者数は今後も更に増加していくことが予想される」としている。

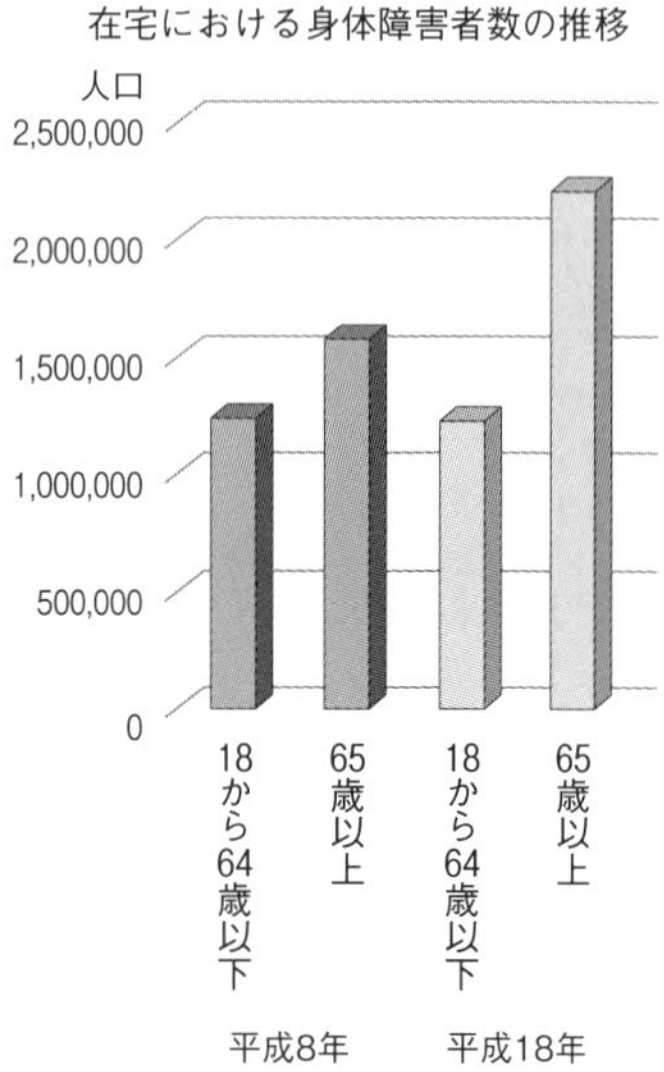

（障害者の高齢化に関する課題検討報告より　全国社会福祉協議会平成27年５月）
※平成25年版『障害者白書』を参考に本会にて作成

まなびあい文庫」として冊子やＤＶＤにまとめることができたとき、それが卒業証書になると思っています。

国は、障害者総合支援法（二〇一二〈平成二四〉年六月公布、翌年四月施行）を成立させたときの衆参議院の付帯決議によって、障害をもつ高齢者の施設の充実を検討しています。介護保険と障害者サービスの統合という政策目標があるようです。そうした背景について考えてみたいです。

日本の障害者の高齢化はどうなっているでしょうか。

在宅障害者の中で六五歳以上の方が

どれぐらいの割合かという報告が出ました。資料2は全国社会福祉協議会が報告したものです。それによれば割合は六一・八％になっています。半分を超える人が在宅で高齢になっているという実態です。

今年（二〇一五年）ろうあ連盟が発行して、無料で会員さんに配っている冊子、『集まれ、ろうの仲間』ができました。「新しいろうあ運動をめざして」ということで、高齢部の方のコメントが載っています。

私もろうあ協会の会員ですが、所属するろうあ協会の会員一七六人のうち半分以上が高齢者で、「早く老人ホームを建ててほしい」といっています。

全体的にも、会員の中でも、どんどん高齢化が進んで、全通研でも高齢者が増えている状況です。ろうあ協会の会員が一年間に二〇〇人ずつやめている状況が数年前の全国ろうあ者大会で報告されました。中年の方々も賃金が減り、生計を切りつめるために会を離れているようです。内訳ではやはり高齢の方々の方がかなり多いと推測できます。会員離れは仲間の切り捨てのようにも感じられてなりません。

それはともかくとして、高齢化している在宅障害者の生活ニーズに応じた国の対策が出されていません。市町村にもありません。

私は市町村でも、国でも、その政策の中に、豊かな人生が歩めるために、障害を持つ高齢者の暮らしづくり、その人の尊厳を回復できる「拠点づくり」が不可欠と考えます。それをどう実現していくかということが、今、大切な課題になると思います。

そのために必要なことは、在宅障害者の六一・八％をしめる高齢者の今の暮らしや人生がどうであるのか、その人生がどうであったのかを、一人ひとり明らかにしてゆくことだと思います。そうすると実態がみえてくるから強烈です。花房さんの冊子づくりはその一つです。高齢者であるから今すぐなすべき課題、すぐ行動すべき課題そのものがみえてきます。

みなさん方の運動によって就労継続支援B型（障害のために企業などに就労困難な人に、雇用契約を結ばず働く場所を提供する制度）の事業所が増えています。障害者地域活動支援センターの制度を使って、在宅ろう者の「拠点」としてゆく運動です。B型や地域活動センターを利用されている方の半分以上を高齢ろう者が占めています（資料3）。なぜかというと、在宅高齢ろう者の行き場がないからです。ろうあ協会のほうでも、「足が悪いん

資料３　利用者の年齢構成（ろう者向け就労支援事業所等利用者の年齢区分）

	障害者支援施設	就労継続Ｂ型	生活介護	地活センター
20歳未満	2	8	2	5
20－29歳	19	57	18	17
30－39歳	45	51	11	16
40－49歳	45	55	7	13
50－59歳	66	54	6	43
60－69歳	84	85	6	142
70－79歳	55	69	7	226
80歳以上	12	15	0	114
平均年齢　歳	59.6	56.1	50.8	56.9

	居宅介護支援事業	ケアホーム	日中一時	就労移行
20歳未満	9			
20－29歳	14	1	6	3
30－39歳	5	2	1	
40－49歳	2	1		2
50－59歳	0	4		
60－69歳	2	4	1	1
70－79歳	3	4		
80歳以上	1			
平均年齢　歳	34.2	56.4	24.0	38.3

注：『ろう重複施設連絡協議会による調査報告書』より（2013年）

だったら、来ていただいても楽しんでもらえるような世話をするのはなかなか難しいよ」と言われてしまったり、送迎がない場合行けなかったり、結果として元気な高齢者でないと排除されることになって、行き場がないわけです。

　また、若い人でも重複の障害がある、慢性の病気、難病をかかえているとかで雇用されないということがあります。就労継続支援Ｂ型は、本来は若いいわゆる労働人口といわれる人の障害者就労の場ですが、在宅支援ろう関係事業所の特徴として、高齢の方の利用が多いという事実があります。

この意味を私は、高齢者をはじめ在宅化しているすべてのろう者の集う場、自立訓練的なものはもちろん、学ぶ場、働く場、発達の場、人生を楽しむ場としての機能をもつ拠点として、増やしていかなくてはと強く考えるのです。拠点があり一人ひとりの尊厳を、人権を尊ぶ豊かな交流活動が保障されてこそ、暮らしから学ぶということが実現可能となります。

「意思疎通支援」を豊かにするために

ここで、「意思疎通支援」について考えたいです。みなさん方は手話通訳として意思疎通支援の仕事をされているので、どのようにして意思形成がされていくか、いつも考えておられるでしょう。

意思の疎通というのは伝達のことです。伝達に必要なのは、言語と非言語です。言語というのは音声言語あるいは文字、そして手話です。伝達手段を獲得していれば意思の伝達は成り立ちます。異言語間の意思疎通・伝達が通訳を介せば成り立つのは、伝達の前提として、「伝えたいもの」がそれぞれの人の頭の中に豊かに形成されているからです。

このことを私は「意思形成」と考えています。コミュニケーションの、会話・対話・おしゃべりの場面で自分の考えがまとまらないとか、何を質問されているのか意味がつかめなくて、どう答えていいかわからないという経験が私たちにもあります。

コミュニケーションを成り立たせている意思形成は、幼少時からの遊び、家族・地域とのふれ合い、さらに学校教育等を通じての知識が加わり、労働を含む（人権の発達）社会的な交流（コミュニケーション）の豊かさ、そういうことによって成熟していきます。だから、幼少期からのこれらの環境、豊かな体験、教育が保障されなければ、また一部が欠けたりする場合も意思形成の力が貧しくなったり、いびつになったりします。その結果は意思疎通に作用します。当然、意思決定も弱く困難となります。

意思形成・意思伝達・意思決定、これらはお互いが関係し合って、相互作用をしています。手話通訳で通じる対象は、意思形成や意思決定のできる人に限定されていくかもしれません。

それが困難な人、なかなか自己決定がしにくい人たち、とくに私たちの接する高齢ろう者の方々の多くは、いわゆる言語的通訳だけの援助を求めているのではありません。自分の意思が明確になるための、意思形成をも含めた援助を求めているのです。では手話通訳の対象から外されるのか。外された場合、その人たちには誰がどんな制度によって援助をしていくのかが問題になります。

意思疎通支援というのであれば、継続的な援助関係をもたない派遣制度による単発の手話通訳業務では用をなさないと考えています。手話通訳は当初、意思形成を含めた機能を有する援助職・労働として生まれ、育《はぐく》まれてきました。しかし「言語的な通訳」という役割のみに矮《わい》小化、限定化されてゆくと、とりわけ不就学の高齢ろうあ者のニーズに合わなくなります。

花房さんの人生の冊子はそういう課題も含めて、通訳と意思疎通支援の役割を深めていきたいとの願いを込めた実践です。とりわけ、「意思疎通支援を制度的に個別給付の事業に」という論議がされてきた今こそ、「手話通訳」「意思疎通支援」「情報提供」等様々な意味で使われている「業務・労働」について深め検討することが大事かと思います。

高齢ろう者から学ぶ暮らしと平和

若い世代の通訳者が高齢ろうあ者の人生に関心がないわけではないと思うのです。高齢ろう者に話を聞く機会が保障されていないことが問題です。それは、今日のろう教育の問題とも関連するかもしれません。

ろう学校で、今、どんな歴史教育がされているのでしょうか。戦争時代の体験を、ろう者を招いて学ぶことも一つのあり方です。また、ＤＶＤや冊子などの、教材や資料を豊かにしてゆく私達の役割も大事かと思います。知的障害の方で、兵士として戦地に送られた事実が掘りおこされています。あるいは盲人を戦地に送りこみ兵隊さんのマッサージをさせた。そういった事実も報告されています。全通研静岡支部は、ろう学校の生徒たちが軍需工場に動員された事実を掘り起こしてレポートしています。

しかし、そうした教材がまだ圧倒的に少ないです。今に伝えていく取り組みは「ろう学校が…」「ろう団体が…」というだけでなく、それぞれが共同して学びの場を用意し、教

淡路戦争展に招かれた黒﨑さん（2012年8月）

材を作っていく、高齢のろう者に向きあって聞いていく活動が必要だと思います。

誰も聞いてくれなければ、自分の人生に価値があると気づかないし、逆にその体験を恥ずかしいものだと心の奥にとじこめます。自分から話すことは難しいので、何度も何度も訪問したり関わりをつづけて、写真や実物に触れてもらい、一緒に戦争資料館などに出かけて体験した記憶のとり戻しを触発させる、頭の中がスパークする経験、そういう援助のつみ重ねも必要です。手がかりが見つかる中で信頼関係が強く育ちます。そして、いろいろな話を聞くことができると思います。

黒﨑さんの場合も全通研淡路班がインターネットでいろいろな写真を探して、それを見てもらうと、「ああ、これは…」と、それを手がかりに黒崎さんの記憶が甦り、話してくれるようになったのです。大事なのは直接該当する「写真」そのものだけではなく、関連する何枚もの写真を見つけ出す私たちの努力、それを黒崎さんに示し会話をはかるという私達の態度なのです。

大阪城の近くに「ピース大阪」という平和資料館があります。戦争体験の話を収録するために、そこに黒崎さんを案内したのです。そこで、Ｂ29が落とした焼夷弾《しょうい》の実物大の模型を見つけた黒崎さんは、焼夷弾の内部がどうなっているかまで詳しく話されました。Ｂ29が親爆弾を次々に落としてゆく、その腹が開くと中に小さな子爆弾がたくさん入っている。焼夷弾の中に八角形の子爆弾がいっぱいあったんだということも、その場ではじめて語られました。

ＤＶＤには黒崎さんの手話と、手話語りを日本語にした解説版も入っています。焼夷弾の説明図もつけてあります。

ここで、整理してみます。黒崎さんには戦争についての実体験がある。あっても、それを大事な、価値あるものとして、真剣に聞いてくれる人がいなければ語れません。そのために、私たちは準備をします。さらに話す手段、伝える手段がないと語れません。体験は自分の中にしまわれるだけになってしまいます。

「私の経験はそんなたいしたことじゃない」、「値打ちがないんじゃないか」と思っているかもしれません。そうではないというために、ふくろうの郷では見学者が来られたら、話せる方から「精神病院に五〇年」とか「断種手術を受けさせられたので、この多くの人形は私の子どもです」とか語っていただきます。するとそれを見ているだけの高齢者の内面にも、自分の体験も話そうかな、話したいなというものが生まれてくるのです。

高齢ろう者の中には、不就学の人もいますし、手話での表現が難しい人もいます。でも、体験はすごく持っているので、それを伝えられる手段を共に工夫することが必要です。伝えたい体験がある。伝えたい人がいる。伝える手段がお互いにある。この三つが大事です。なかった場合はつくっていくことです。ろう学校に持っていけるような副読本とかＤＶＤ、紙芝居とか、ぜひつくってほしいと思います。私たちの紙芝居は淡路聴覚障害センターと淡路聴覚障害者協会が共同して作成をすすめています。

言語法や手話言語条例の運動が広がっています。その中で手話を必要としてきた人たち、また手話の獲得すら保障されなかった高齢ろう者などの実態、人としての人生の尊厳と、人権の問題を明らかにした教材をつくることが大事だと思います。そうであってこそ、平和の基盤にたつ社会を守っていけるのだと思います。

そういったことも含めて、高齢ろう者の暮らしから学べるように、ろう学校の先生、親、私たちみんなが共同してぜひ教材を工夫していきたい。「ふくろうまなびあい文庫」とはそうした考えから、必要性が生み出した必然的な教材と確信しています。全国各地で「まなびあい文庫」がどんどん設立され世に出されることを願っています。

高齢ろうあ者の暮らしや人生から学ぶ。これはその場限りの手話通訳だけで学べるものではありません。手話通訳活動は幅広い多様な内容をもっています。重要なことは、ろう者と継続した関わりのもてる「場」がつくられるかどうかです。黒崎さんや花房さん、尼崎精工の「ろうあ産業兵士」の皆さんは、淡路ふくろうの郷とか、さかのぼっては京都ろうあセンターとか、そうした事業所に所属して生活や活動を共にすることで、相互信頼が強まっていました。それぞれのろう者の、心の奥深くに氷のように固くしまわれていた人生体験の記憶を、溶解させ甦らせる実践になったと思われてなりません。

とりわけ花房さんのように、コミュニケーションに必要な手話の獲得すらさまたげられてきたろう者をよく理解するには、長期間に渡って生活時間を共有することが不可欠です。高齢ろうあ者が集まる場と、一人ひとりを大切に共に生きるという理念、人権についてのするどい感性をもつ援助職員が確保されることが大事です。

私自身、二〇歳からきたえていただいて今日があります。最初は何とも頼りない職員だったのですが、職員集団の育ちあい、ろうあ者集団や個人との人格的ぶつかり合いが私を育ててくれたと思います。ともあれ、そうした援助職の集団・組織が確保されていることが大切です。就労継続支援B型の活用や生活介護も含めた地域活動支援とか、現在の制度の積極的活用と民主的改善運動を是非ともすすめて行きたいと思うのです。

ある県で、高齢ろう者の方々の集いが組織され、そこでの援助に奮闘されている方がこぼされていました。バリバリ通訳をしている人から、「おまえは手話が下手で、通訳の落ちこぼれだから、聴こえない高齢者の方の世話がよく合う」と言われたと、苦笑していました。手話通訳のうまい・下手で何をするか分けるのでありません。

戦中・戦後を生き抜いた高齢ろう者は、八〇歳を超えています。今、しっかりとその世代の人々の暮らしと人生を学ばなければ、消えてゆきます。若い世代に伝えてゆくこともできません。歴史がくり返される可能性が強まっている今こそ、高齢ろう者や当事者からの戦争体験の学びの活動を強められる、拠点をつくり続けてゆきたいものです。

みなさんには、淡路ふくろうの郷にも来ていただいて、花房さんにも、黒﨑さんにも直にふれ合っていただきたいと思います。

ご清聴、ありがとうございました。

自分を語る　みんなが語る

～花房豊治さん
花房ふさ子さんからまなぶ～

頒価 1000 円

学校にも行けず、字も手話も学べない、
職人の父が仕込む石材加工の匠の技を我が物にされてきた豊治さん
ふさ子さんとの出会いと親戚縁者そろっての婚約祝い
しかし入籍も、障害者手帳の交付も、
何故昭和 40 年にならないとできなかったのだろう
ろうあ協会・手話サークルの仲間の輪の中で
耐え抜き、支え合ってきた夫婦の人生に接近した物語

黒﨑時安　人生を語る

（DVD 解説冊子付）頒価 1500 円

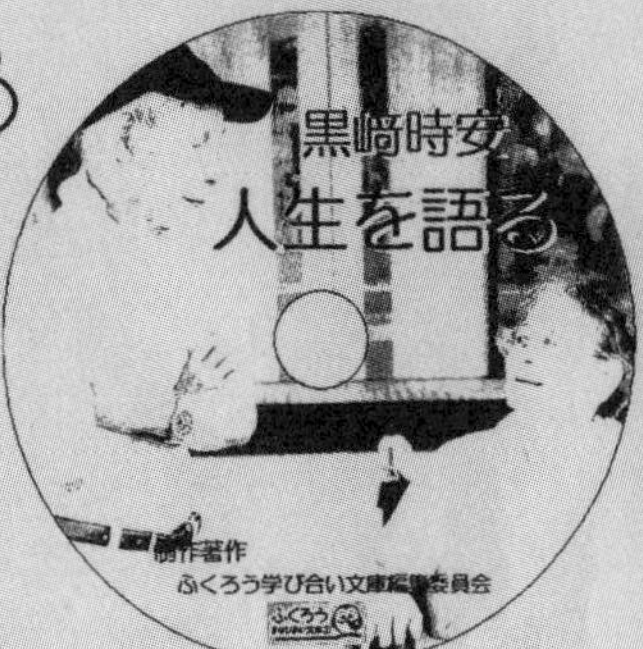

昭和 16 年、12 歳で聾学校を退学、家出、浮浪児の黒﨑少年に襲い掛かった大阪大空襲。焼夷弾の嵐の中、空腹時にはヨモギの葉っぱを食した戦争体験。

13 歳の少年の空腹が満たされるはずもなく、窃盗⇒少年院⇒窃盗⇒刑務所…。

やくざの組に引っ張られて抗争体験も。

「恥ずべきこと」として胸にしまい続けた人生。何故、何が、黒﨑さんを変えたのだろう。

黒﨑さんの手話語りから、簡略・達意、そして優美とされた大阪市立ろう学校の手話も堪能してみたい。

申込欄

氏名	
宛先	
連絡先	（TEL・FAX）

花房豊治さん、花房ふさ子さんからまなぶ	¥ 1,000	冊	
黒﨑時安　人生を語る（DVD　解説冊子付）	¥ 1,500	枚	
※送料について	計	円	+送料

1,2部…100円、3～10部…300円、11～20部…500円、21部以上は実費です。

○申込方法：このまま切り取らずにFAX（0799-25-8551）願います。

担当　ふくろう学び合い文庫編集委員会

連絡先　TEL 0799-25-8550 / FAX 0799-25-8551

障害者差別解消法の評価と課題

池原毅和

筆者プロフィール

池原　毅和（いけはら　よしかず）

一九五六年生まれ。一九八七年四月に弁護士登録。東京アドヴォカシー法律事務所主宰、早稲田大学法科大学院客員教授、立教大学福祉学部講師。『精神障害法』（三省堂）、『障害法』（共著　成文堂）、『心神喪失者等医療観察法解説』（共著　三省堂）など著書多数。

今日のテーマは「障害者差別解消法について考える」ということです。

この「障害者差別解消法」は二〇一三年に国会で議決されて、いよいよ来年（二〇一六年）に施行され、法律として効力を発生します。そこで、どんな法律かを少し考えていこうということです。

実はこうした法律は、国際的に見ると日本はずいぶん遅れているのです。差別解消法は、アメリカではすでに一九九〇年にできていて、ちょうど二一世紀になる頃には、世界の四〇カ国以上でそうした法律ができています。「日本もいいかげんに早くつくりなさい」と国連でもいわれていた法律なのです。まだ不十分なことがたくさんあるのですが、それがようやくできたわけで、そのことを振り返りながら考えていこう、ということです。

福祉の時代から自己決定権の時代へ

この法律の成立経緯には、いくつかの大きな流れがあったと思います。

一つは二〇世紀終盤、一九九〇年くらいから障害問題の視点がだんだん変化してきたことがあげられます。

最初は「障害の問題は福祉の問題だ」というのがありました。いまでももちろん福祉の問題でもあるわけですが、最初は福祉一色という理解の仕方をしていたわけです。日本国憲法の二五条に生存権とか社会権と呼ばれる権利が規定されています。

「すべて国民は、健康で文化的な最低限度の生活を営む権利を有する」

と書いてあって、国は社会福祉とか社会保障をやらなければいけませんと、国の義務が定められている。それが二五条で、それにもとづいて、たとえば身体障害者福祉法だとか知的障害者福祉法、あるいは精神障害者福祉法、そうした福祉関係の法律ができていま す。

日本国憲法ができたのは一九四六年ですから、ちょうど二〇世紀の真ん中くらいの頃に、福祉とか社会保障という考え方が、一つの大きな流れをつくりました。

もう少しさかのぼると、一九一九年にドイツでワイマール憲法ができて、その頃から福祉や社会保障が考えられるようになってきたのです。

一九八〇年くらいになると、福祉だけではなく、自己決定権が大事だという考え方が出てきました。全部切り替わったということではなくて、積み重なってきたということかもしれません。ヨーロッパやアメリカはもう少し早くて、一九六〇年以降から自己決定権がいわれるようになってきました。

なぜだろうと考えてみると、生存権や社会権、社会保障という考え方は、どちらかというと、お上から与えられるような感じがあるわけです。たとえば「あなたは知的な障害があるから、施設で生活しなさい」、「あなたは身体の障害があって社会のなかでは生活するのが難しいから、重度身体障害者の施設で生活しなさい」という、本人が選ぶというより、行政が障害にサービスを割り当てるという、イメージが強かった。

それに対して、障害があっても、自分の人生とか生き方は自分で選んで自分で決めるものではないだろうか、ということが考えられるようになってきたわけです。障害のある人自身が選び取って、自分の人生をつくっていく、自己決定権が大事だという考え方がでてきます。時期的には一九八〇年代から、日本では九〇年以降くらいだったでしょうか。

措置制度から支援費制度に変わる福祉サービス

一九九〇年くらいに、社会福祉の基礎構造改革という大きなうねりがあって、制度が措置から契約へという考え方に変わってきたのです。

一九九〇年以前は、福祉は全部措置、つまり行政が決定していたのに対して、福祉も契約の時代なのだとなっていった。契約とはどういうことか。契約するかしないか、どういう内容の契約をするかは自分が決めるという考え方です。自己決定権が大事だという考え方が出てきたのです。

二〇〇〇年になる頃に介護保険制度が立ち上がったり、障害者関係では支援費制度が始まったり、契約によってサービスを使っていく、選んでいく時代へ変わるという大きな流れであったといえます。

いまから考えると、自己決定権にスポットライトを当てるのは明るい部分ですが、実は九〇年代に裏面で進んでいた考え方が新自由主義とか新保守主義と呼ばれるものです。それは、福祉についての国家の責任を少し薄めていってしまうことでした。

それまでの福祉は、憲法二五条で、国は社会福祉や社会保障を提供する義務がある、国民は健康で文化的な最低限度の生活ができる権利があると書いてあって、これが福祉のベースだったわけです。ところが、契約の時代になると国がサービスを直接提供するのではなくて、サービスは民間が提供する。国はそこに、少しお金を出していくという制度になります。国の責任が、サービス提供責任から、お金を払うだけの責任になってしまった。

自己決定権が台頭してきたのは、一面すごくいいことです。どんな人でも自分の人生を自分で決めるという考え方はとても大事です。反面、そのことによって、国家が福祉の現場から一歩退いた。それまでは国自体がサービスを提供する責任をもっていたのに、国はお金を払う、あとは民間でやってくださいという意味で、国の責任が薄まったという問題が起こってきたわけです。

障害者の問題は「差別」の問題

さらに二〇世紀終盤の一九九〇年以降くらいに、差別解消法にかかわる、「差別禁止」という考え方が出てきました。

障害ってどういうことでしょうか。たとえば、他の人にはできることが、この人にはできないのは、なぜかという問題です。

身体の障害のために、あることが、できたりできなかったりするのは、社会との関係によって発生しているのではないか、と考えるようになってきました。

かつては、「交通事故で片足がないからです」、あるいは「脳梗塞で右半身がまひしているから、行きたいところに行かれない。お気の毒ですね」という考え方だった。けれども、街にスロープがあって、バリアがなければ、片足の人だって車いすで好きなところに行けるではないか。電車に乗れないとか、映画館に行けないというのは、病気で右半身がまひしているからではなく、街のなかに行動を阻むバリアがたくさんあるからだという考え方もできます。

では、バリアはどうして発生するのか。それは街をつくる人が、人間はみんな二足歩行するものだ、と思い込んでいるためです。二本足で歩く人なら、この階段は自由に登れるはずと思って街をつくっていった。自由に移動できないのは、体がまひしているからという答えもあるが、街をつくるとき車いすの人のことを考えなかったから、という考え方もあります。つき詰めると、体がまひしている人、足が動かない人のことを考えないで街をつくってきた。つまり、自分たちのことしか考えていなかった。

この考え方は、とても差別的ではないか。

障害の問題は差別の問題と、かなり重なっていることが認識されるようになってきて、差別禁止とか平等という考え方が出てきました。差別解消法の基本にある考え方は、そんなところにあるわけです。

こうして、福祉から自己決定へ、自己決定から平等へと、徐々に重点が少しずつ移動していきました。つまり、それまでの考え方が全部間違いだったとか、消えてなくなったということではなく、新しい考え方が加わってきた、ということです。

障害者権利条約を実りあるものに

一九九〇年に「障害のあるアメリカ人法」、通常「ＡＤＡ」法と呼ばれている法律ができた。それから国際社会では障害のある人に対する差別をなくしていくことが重要だと考えられてきて、一九九三年に国連で障害者機会均等化基準規則が採択されました。

国連では一九八〇年代の後半から障害者の権利条約、つまり障害のある人の権利とか平等を保障するような国際条約をつくろうではないか、という話が起こっていたのです。そういう条約をつくりたかったのですが、なかなか国際社会のなかで意見がまとまらなくて、条約ではなく、基準規則ということでお茶を濁した状態だったわけです。

二〇〇一年に、国連の社会権規約委員会が日本政府へ、「日本もいい加減に障害者に対する差別を禁止する法律をつくりなさい」と勧告してきます。

二〇〇六年には、国連の障害者権利条約が採択されて、これが障害のある人の権利とか、障害のある人に対する差別をなくしていく法律の、一番の大元になるものとして出来上がって、二〇〇七年に日本政府もこれに署名しました。

国際条約には必要なことが二段階あります。一つは署名です。日本が正式に条約の加盟国になるという意味ではないが、加盟国になるために、いろいろな国内法を整備したり、国会の手続きをしますと約束をするのが、署名という作業です。実際に批准したのは二〇一四年です。批准とは、日本もこの条約に加盟しますという、最終決定の手続きで、国会の決議で決まります。ですから、いま日本は障害者権利条約の加盟国で、日本の法律の一部になっているわけです。

署名が二〇〇七年で批准が二〇一四年と、何で七年間もかかったのかというと、本当はこの二〇〇七年当時に、翌年には批准してしまおうといっていたのです。その頃はいまと同じ自民党政権だったわけですが、早く批准しましょうという話になった。それまで日本が加盟した国際人権条約はいくつもありました。自由権規約とか社会権規約とか、最近で有名なのは女子差別撤廃条約（一九八五年批准）という、性別で人を差別してはいけませんという条約とか、子どもの権利条約（一九九四年批准）とか、みんな批准しているのです。

ところが日本は、批准はするのですが、それで「はい、終わり」ということになってしまって、女子差別撤廃条約を批准しても、それによって女性差別はなくなっただろうか、法律があっても現実はあまり変わってないのです。子どもの権利条約も批准したが、子どもの問題について新しい法律をつくったり、政策を改めたのかというと、これもあまりしてこなかった。

そこで、障害者団体の人たちが、障害者の権利条約も同じようにされたらたまらない、要するに形だけ批准して「はい、それでおしまい」というのでは何の意味もありませんから、障害者権利条約を批准するにあたって、まず、いろいろな国内法を直すべきだ、障害者差別解消法のような法律をつくるべきだ、そういうことをきちんとやって、国内法を整備したうえで、権利条約を批准すべきだと、非常に強く訴えていた。

たまたまその数年後、民主党が政権を取って、政府のあり方も変わり、その条約を批准するに足るだけの国内法の整備をやりましょうということになりました。二〇〇九年に政府に障害者制度改革推進本部が置かれて、障害者制度改革の議論をしてきたのです。

そのなかで、大きな柱として、障害者基本法が改正されたり、この障害者差別解消法ができたり、関連法がいろいろと改正されて、ある程度形が整って、二〇一四年に批准しましょうということになったのです。

これが、差別解消法ができるまでの、大雑把ですが、一つの流れということになります。

「医学モデル」思考の社会福祉とは

さてそこで「障害と平等」とか「障害と差別」にはどういう関係があるかです。

さきほど車いすの例で申し上げましたが、大多数の人にはできることが、ある一部の人にできないという現象です。大多数の人は音声言語で話して、耳で聞いて理解をするわけですが、聴覚障害があると、音声を聞き取り理解することができません。車いすを使っている人は、二足歩行の人に比べると自由に行動できない。

他の人にできていることが、何でこの人にはできないのだろう。大多数の人にできることが、ある一部の人にできない状態を障害だと考えると、その障害がなぜ発生するかということにいくつかの説明の仕方があり得るわけです。

「右半身がまひしているからできないんです」という説明も、「いいや、街のなかにバリアがあるから行きたいところに行けない」という説明もあり得て、どちらも成り立ちます。もしかしたら街のつくり方が間違っていたのかもしれない、という考え方が「差別禁止」という考え方に近いわけです。そこでこの問題を、少し考えていただきたいと思います。

どういうことかというと、図1を見ていただきます。図の右側に四角い箱があって、箱の上に丸い穴が空いている。

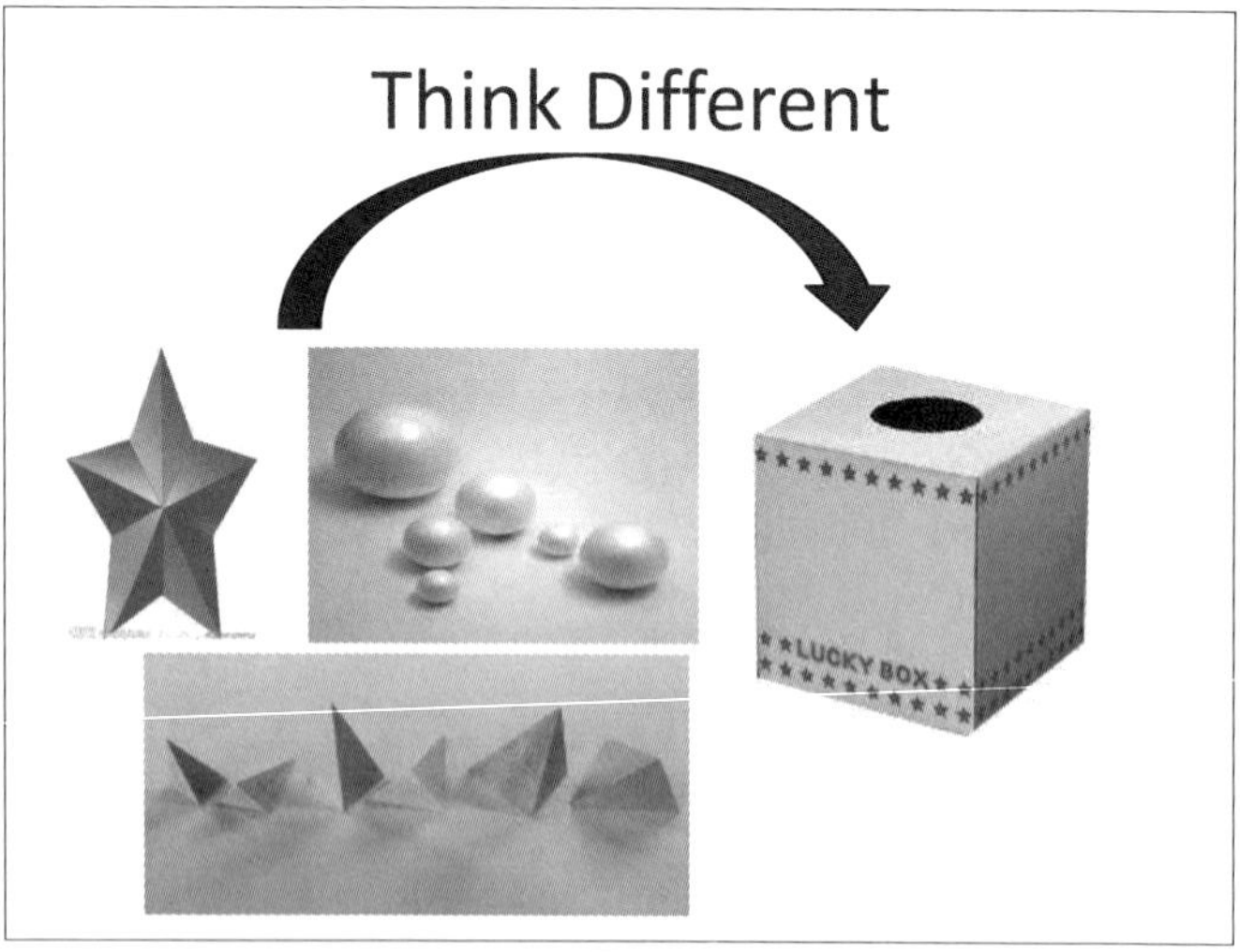

図1

左側にいろいろな形をした物体があります。その物体をこの箱の中に入れたいとします。

球体のものは大きさによっては入らないものもあるかもしれないが、おおむね困難なく入るかもしれない。けれど、星形のものは入れるのがかなり難しいだろう。三角形状のものも、大きさによっては入りにくいかもしれない。こうしたものを全部この箱のなかに入れるためにはどうしたらいいかです。

正解はないのですが、どこから考え始めるかによって、考え方の傾向が出てくるかもしれません。一つ目に思いつくのは、あの丸い穴を広げたらいいじゃないかとか、そもそも蓋を取ってしまえばいいじゃないか、という考え方があります。

二つ目は、いろいろな物体の形を全部丸くしてしまえばいいじゃないか。穴の形、大きさに合うようにすれば入ります。全部削って、丸くする。

三つ目は、折衷案というか、穴も広げるが形も縮める、あるいは丸くする、という考え方があるだろうと思うのです。

大学生には「そもそも箱をなくしたらいいんじゃないですか」なんていう人もいます。いってみれば、この箱がわれわれの社会です。社会が、人間はみんな丸い格好をしているものだろうと思い込んで、入り口を丸くしている。けれど実際にはいろいろな形の人間がいて、簡単に穴の中に入っていける人も、それが難しい人もいる、ということの一つの比喩《ひゆ》がこの箱問題です。

人間と社会で考えてしまうと価値観が含まれてしまいますが、こういう単なる物体で考えると、最低三つの考え方はあり得て、それを人間と社会に置き換えて考えれば、穴を広げるとか蓋を取るという考え方は、社会を変えていこうという考え方になります。あるいは、そもそも最初から丸い穴にしておくやり方自体が間違いなので、それを取ってしまえばいいじゃないか、という考え方もあります。

逆に、物体のほうの形を整えていきましょうという考え方は、一定の大きさの丸い形が、いわば正常な人間で、それ以外のものは正常ではないのだから、正常な状態に整えていく、という考え方になるかもしれません。

社会を変えていくというのが、最近でいうところの「社会モデル」というものです。つまり、他の人は丸い穴に入っていけるのに、なぜ入っていけないのかというと、社会が入り口を狭めている、形を決めてしまっているから入れないだけなので、社会の側を変えていこうという考え方です。障害発生の原因は、社会が先入観にもとづいて、人間はみんな丸いものに決まっているのだから、入り口は丸でいいのだと決めつけている。逆にいうと、丸い形以外の人については差別をしている、無視しているという状態です。だから改善して差別をなくするためには、社会である箱の入り口の方を変えましょう、というのが「社会モデル」です。

他方で、入らない物体のほうの形を変えようというのは「医学モデル」と呼ばれます。つまり、医学的に見て人間は一定の大きさの丸い形でなければいけないもので、ゆがんだ形をしているものは全部、標準的な丸い形に整えていきましょう、ということです。これは、変わるべきは社会ではなくて障害者だ、という考え方になるわけです。

両方やりましょうというのは、「相互モデル」と考えることができます。

もう一つ考えていただきたいのは、少し不思議な質問かもしれませんが、この図を見たときに、障害はいったいどこにあるのだろうかを考える。普通「障害がどこにある」なんて考えはもたないかもしれませんが、この場面で障害はどこにあるのでしょうか？

図2の左側に車いすを使っている人がいて、建物の右側の階段を昇っていくと、レスト

ランがあるような場所です。下が駐車場でレストランは二階にあります。

この車いすの人は、このままだとレストランには行けないわけです。階段を昇っていかなきゃいけない。他の人はこのレストランを自由に使えて食事ができるのですが、彼はこのレストランに行けない。つまり、他の大多数の人にはできて彼にはできないという現象が発生するわけです。それを障害だとすると、この場合はどこに障害があるのかです。

階段だというのが一つあり得るでしょう。階段がなければ、たとえばこれがスロープになっていたり、むしろ駐車場を

図2

二階にしてレストランを一階にしてくれれば、そもそも問題はなくなるかもしれないです。だから、階段に障害があるという考え方ももちろんある。

もう一つは、いやそもそも、彼は脳梗塞で足が動かなくなったのか、事故で脊椎損傷か何かで足が動かなくなったのかわからないが、車いすを使っているからお気の毒だが、そのことが原因でみんなが行っているレストランには行けない。だから障害は、彼の脊椎損傷だとか脳梗塞、いわば脊椎の神経が切れていることだとか、脳の運動神経の一部分、神経細胞が死んでしまっていることが原因だ、という説明の仕方もある。

あるいは、さっきの箱と物体の関係と同じように考えると、ちょうどその真ん中あたり、つまり車いすのところに障害があるわけでもないし、階段に障害があるわけでもなくて、その二つの関係のなかに障害がある、という考え方もあるようです。だから障害というのは、ある社会的な事柄、つまり階段がある、二階にレストランがあるという事柄との相互関係のなかで発生するのが障害だ、というふうに考えることができるかもしれない。そういう意味でいうと、物理的にどことという言い方はしにくいが、いわば関係のなかに存在しているということもあるかもしれません。

「医学モデル」の問題は、現在ではほぼ淘汰されているというか、「一つの間違った考えだったね」として提示される場合が多いですが、私たちの頭のなかにはまだかなり「医学モデル」は、こびりついていると思います。

どういうモデルかというと、障害というのは「医学的に同定される心身の機能の損傷」、これを「インペアメント」といいます。

たとえば脊椎損傷は、けがのために脊髄のなかを走っている神経が切れてしまった。そのため、傷つけた部分から下の身体的な機能が失われて下半身が動かない。頸椎損傷だと首から下は全部動かないという状態が起こってきます。脳内出血したことによって脳の神経が死んでしまう。死んだ部分をつかさどっていた神経にもとづく運動とか感覚は全部機能しなくなってしまう。そういうことが、「医学的に同定される心身の機能の損傷」で、それが障害ですよという考え方です。

障害がある人がない人と同じように生活できないのは、心身の機能に損傷があるからだ。脊髄の神経が切れている、脳の神経が死んでいるからで、お気の毒だが、他の人と同じように生活ができないのは、社会の責任ではないです。あなたが脳梗塞になったことは社会の責任ではないです……。誰かが脳梗塞になっても、みなさんに責任があるとは思わないでしょう。

つまり「医学モデル」で考えると、脳梗塞で半身まひになったのはかわいそうだが、社会の責任ではない。やたら塩っぱいものをたくさん食べたり、血圧が高いのに自分の生活コントロールをしなかったからで、むしろあなたが悪いんじゃないですか、というような話になってしまいます。

社会に責任がないということは、法律的に考えると責任はないのだから、社会は何もする必要がないことになります。しかし、どこの国でも脳梗塞で倒れる人、年を取って不自由になる人は、統計的に一定数存在します。心身の機能の損傷を受けることはあり得るわけです。一億二〇〇〇万人の日本人がいたら、そのうち一〇〇〇万人くらいの人は、障害をもっていることはあり得るわけです。そうすると、博愛とか、共同連帯とか、助け合い、いわば人類愛とか人間愛のように、道徳的に考えれば、気の毒な人を助けてあげるのはいいことだから、みんなで協力して助けましょうという考え方があります。

ここで注意をしなければいけないのは、「医学モデル」からみると、社会の側からは博愛とか慈善なのです。別に私に責任があるのではなく、かわいそうだから手を貸してあげるという考え方になります。

さきほどの箱を思い出していただくと、私が社会に参加できないのは、もともと社会の側が入り口を丸くしていて、私の形に合わせてくれていないからです。私がこの社会にいることを考えていなかったでしょう。つまり、障害のある人から見ると、「何をいっているんですか。社会のでき具合が悪いから私がこんなに苦労しているわけで、それは社会の責任なのですよ」という考え方が起こり得るわけです。

「医学モデル」はだんだん古い考え方になってきてはいますが、私たちには「医学モデル」が常識的、伝統的に染みついていて、わかりやすいという問題があります。

この「医学モデル」に立つと「セパレート・パラレル・トラック（Separate Parallel Track）」という考え方が出てくるのです。

図3に示した真ん中の二重丸の経済性、効率性とかの産業社会の中で、いわば健康で「五体満足」な人たちが、バンバン競争してがんばるという社会があります。先に示した箱の例（図1）でいえば、箱の丸い穴で、それを健康な人たちが迅速に通過できるように

しておく。それができない人たちは、申し訳ないが、社会の中心にはいられませんよ。原因は、あなたが脳梗塞で倒れたから、脊椎損傷で下半身がまひしているから、効率的で経済的な社会の中心にはいられませんよ。けれども、かわいそうだから障害給付や障害年金をあげましょう。あるいは普通の家で生活できないから福祉施設で生活できるようにしてあげますと、社会の構造が二重構造になっているわけです。

社会の中心には経済的にがんばれる人たちが、かつての「二四時間働けますか」のコマーシャルのように、サラリー

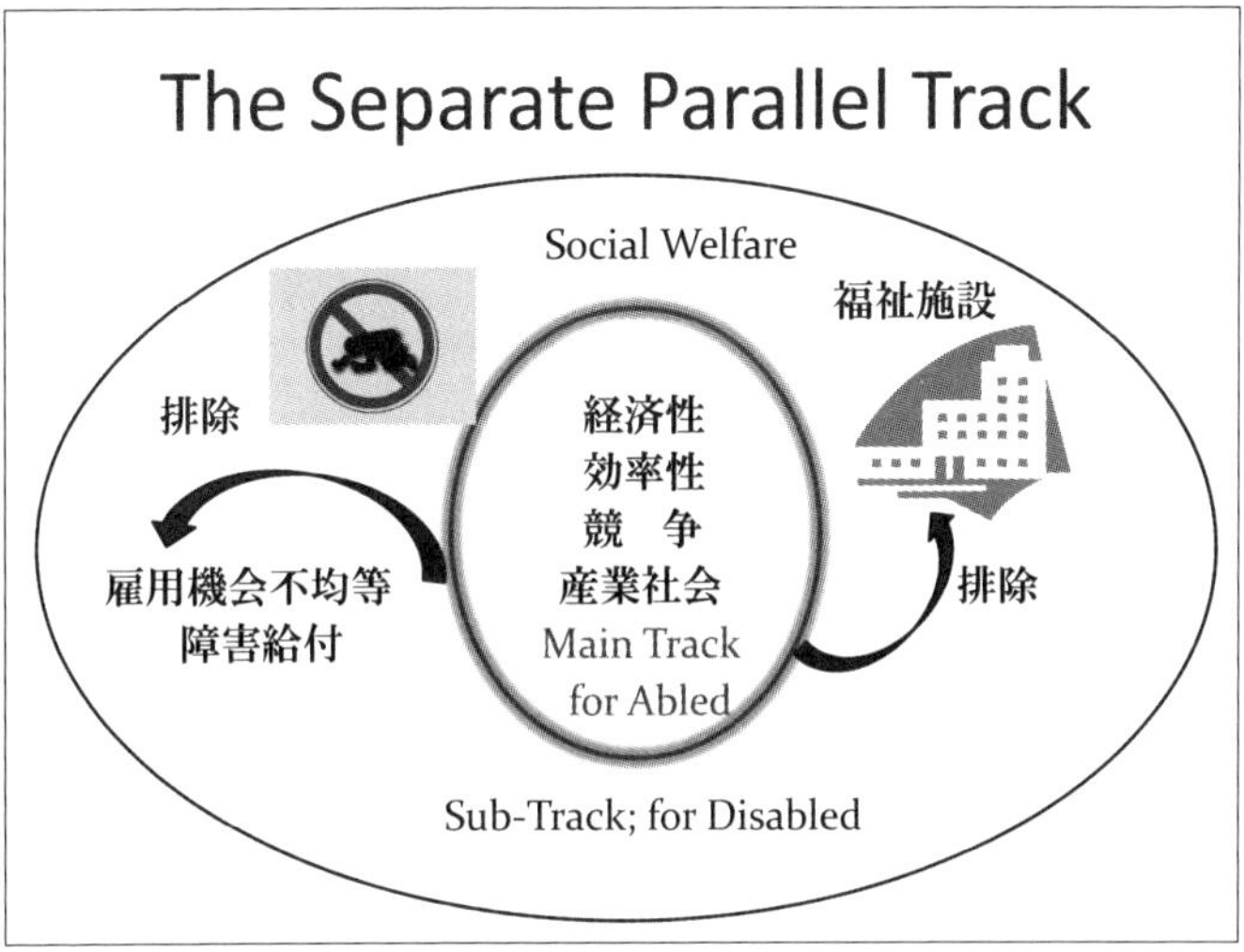

図3

マンがバリバリ活躍して、そうできない人は社会の周辺へ、少しじゃまだから横によけていてください、その代わりに特別な施設を提供します、特別な年金を提供します、これで細々とやっていてくださいという構造です。

「セパレート」は「別れた」という意味です。陸上競技場の走るレーンを「トラック」といいます。イメージでいうと、高速道路が山のほうに登っていくと、登坂車線といって、スピードを出せない車が走る脇のレーンがあります。スピードを出せる車は先に行ってくださいとレーンを分けています。あれが「セパレート・パラレル・トラック」という考え方に似ているわけです。

たとえば、学校で考えると、一般の学校は勉強のできる子たちが行くところ。知的障害や身体障害で、運動ができない、計算が遅い、読み書きがうまくできないという子は、特別支援学校に行ってください。これも「セパレート・パラレル・トラック」という考え方です。

「医学モデル」をベースにして、標準的な体力や力のある人を前提に社会をつくって、社会の標準的なものに合わない人は別の方法で生きてくださいという考え方です。

平均的な男性を基準にした社会の構造

実はずいぶん前、まだ三〇代のころ、食べものが原因のA型肝炎になって一カ月半くらい入院していたことがあります。慈恵医大に入院したのですが、一カ月くらい寝たきりの状態で、退院するにあたって、一度家に帰る練習、外泊訓練をしたことがあります。練馬の自宅に帰るのに、慈恵医大から地下鉄駅の御成門に行って、都営地下鉄で巣鴨に出て、巣鴨から池袋に、池袋から西武線に乗ります。病気になる前は全然、駅に何の苦も感じなかったのですが、そのとき、階段がやたらに大変だなと感じたのです。膝はガクガクするし、昇るのも降りるのもすごく大変で、だんだん腹が立ってきたのです。腹が立つと同時に、何でどこもかしこも階段はみんな同じなのだろう。都営地下鉄の階段もJRの階段も西武線の階段も、全部ほとんど同じです。それ以来、私は階段を研究するのが趣味になっています。階段の昇る角度はだいたいどこもいっしょなのです。

面白いのは、階段の踊り場まで何段あるかを数えてみると、だいたい一三〜四段くらいです。一五段を超えるというのはほぼありません。御成門は少し特殊で、港区役所に行く出口は二一段くらいありました。昇りだといまでも疲れるくらいです。たぶん、元気な男の人でも二〇段以上連続して階段を昇るとけっこう息切れすると思います。階段の一段一段の高さが、どれくらい踏み上がるか。公園には、ときどきとても低いのがあってまどろっこしかったりします。つまりこの高さもほぼ一致しています。

実は、建築家で車いすに乗っている友達がいて、「階段て、何でどこでも同じような格好してるんだろうね」といったら、「ミスター・アベレージっていうのがあるんです」と話してくれました。「ミスター・アベレージ」の「ミスター」は男の人のことです。「アベレージ」は平均ということ。つまり、「平均的な男性」というのが建築界にあって、階段は健康な男性、三〇代から四〇代くらいの病気も障害もない男性をモデルにして、角度や段数を決めて作っているので、どこの階段もいっしょだという話です。

そう考えると、新宿駅とか池袋駅とかの階段は、本当に健康なサラリーマンが朝の三〇分間くらいの時間にドーッと移動できるように、便利につくってあるわけです。でもそのおかげで、元気じゃない人にとってはとても使いにくい。あるいは、そもそも足がまひしていたら使えないということになるわけです。

「ミスター・アベレージ」が他にどんなところにあるか、みなさんも、少し気にかけて見てみると面白いと思います。

たとえば新聞の文字の大きさは、高齢の人でも読みやすいように、最近少し大きくなっていますが、人間の平均的な視力に合わせてつくっているわけですね。だから視力の弱い人には読みにくいし、目のいい人はもっと小さい字でも、情報量が多いほうがいい、ということになるかもしれません。

あるいは、吉野家の牛丼の「並」というのは、なぜああいう分量だろうと考えてみると、やはり平均的な男の人が食べる量という想定でつくられているわけですね。

つまり、四角い立方体の箱の穴（図1）は、どんな穴でも、サービスを提供する側が、いってみれば社会が、ある一定の先入観とかイメージで「たぶん人間はこんなものだよね」と考えてつくっている。そこから外れてしまった人には、とても使いにくい、あるいは使えないということが起こります。

それが、これから説明する「社会モデル」という障害の考え方になっていくわけです。

世界保健機構の「国際障害分類」

そこで、障害についていろいろな考え方が進歩してきて、一九八〇年にWHO（世界保健機構）で、国際障害分類（ICIDH）を定めました。これを見ると、障害は「心身機能の損傷（インペアメント）」と「能力障害（ディスアビリティ）」と「社会的不利（ハンディキャップ）」という三重の構造をもっている。

一九八〇年くらいに、純粋「医学モデル」は「少し時代遅れだ」といわれ始めていたわけです。確かに、「医学モデル」がいっている「心身機能の損傷」は障害の一部分ではあります。「脊椎の神経が切れている」のは「心身機能の損傷」です。そのために足が動かなくなる、というのが「能力障害」です。

たとえば営業マンで仕事をしていた人が、交通事故による脊椎損傷で神経が切れて「インペアメント」が発生し、足が動かなくなって「能力障害（ディスアビリティ）」が発生して、「君は、もうお客さんのところを回れないから営業マン、ダメだね。じゃあ会社辞めてくれる？」という「社会的不利」が発生すると考えるのが国際障害分類（ＩＣＩＤＨ）です。

二〇〇一年に同じＷＨＯで、この国際障害分類を少し修正しました。どうしてかというと、この国際障害分類は「医学モデル」に比べると優れていたわけですが、少し問題が起こってきた。

つまり「医学モデル」では、神経が切れていることが障害である。お医者さんが診断して「脊椎の何番目の神経が切れている」といったら、それで障害ですが、能力障害が発生したことによって「歩けなかったら営業に回れないから、会社辞めてください」という社会的不利が発生する。

障害という現象を、一九八〇年以前は、神経が切れていることが障害だとしていたのに対して、一九八〇年の国際障害分類は、それは障害という現象の一部分に過ぎず、障害の結果会社を辞めさせられることまで含めて、つまり社会との関係を含めて障害を考えないといけないということにしました。

これは、優れた考え方ですが、どういう問題が起こってきたかというと、神経が切れたことによって足が動かなくなって歩けなくなった。歩けないと営業マンをやってもらえないので「会社辞めてください」となる。この問題をどう解決するか考えたとき、「じゃあ、歩けるようになったらいいじゃない」と考えるのが一番手っ取り早いですね。あるいは「歩けなくなってしまったことが、すべての原因だよね」という考え方になって、結局は障害の一番根っこはインペアメント（心身機能の損傷）だ、というところに逆戻りしていってしまうのです。いってみれば、国際障害分類は、せっかく社会との関係が大事だといったのですが、社会的不利が発生する原因は、結局のところ脊椎損傷が原因だ、という考え方になりやすいわけです。そうすると「医学モデル」とほとんど変わらないことになってしまいます。

けれど、会社が、「歩けなくても、車いすで来てもいいんだよ」「営業に回るのが無理だったら、経理の仕事やってよ」と考えれば、首を切る必要はないわけです。そうすると、脊椎損傷と仕事を失うことは必然的に結びつくわけではなく、そういう人をどう扱うかの、会社の考え方が影響しているわけです。

本当は社会にもっと目を向けないといけないのですが、一九八〇年の国際障害分類の考え方だと、どうしてもインペアメントのほうに引きずられていってしまう。そもそもの出発点は脊椎損傷なので、それを何とかしなければいけないとか、そのことが不幸の始まりだという考え方になってしまう。結局のところ「医学モデル」に逆戻りしてしまうことから、二〇〇一年の「国際生活機能分類」が出てきたのです。

これが非常に複雑な分類方法でわかりにくいのですが、図4を見ると「心身機能・身体構造」が一番左側にあって、一番右側に「参加」＝社会参加、真ん中に「活動」があって、上に「健康状態」、下

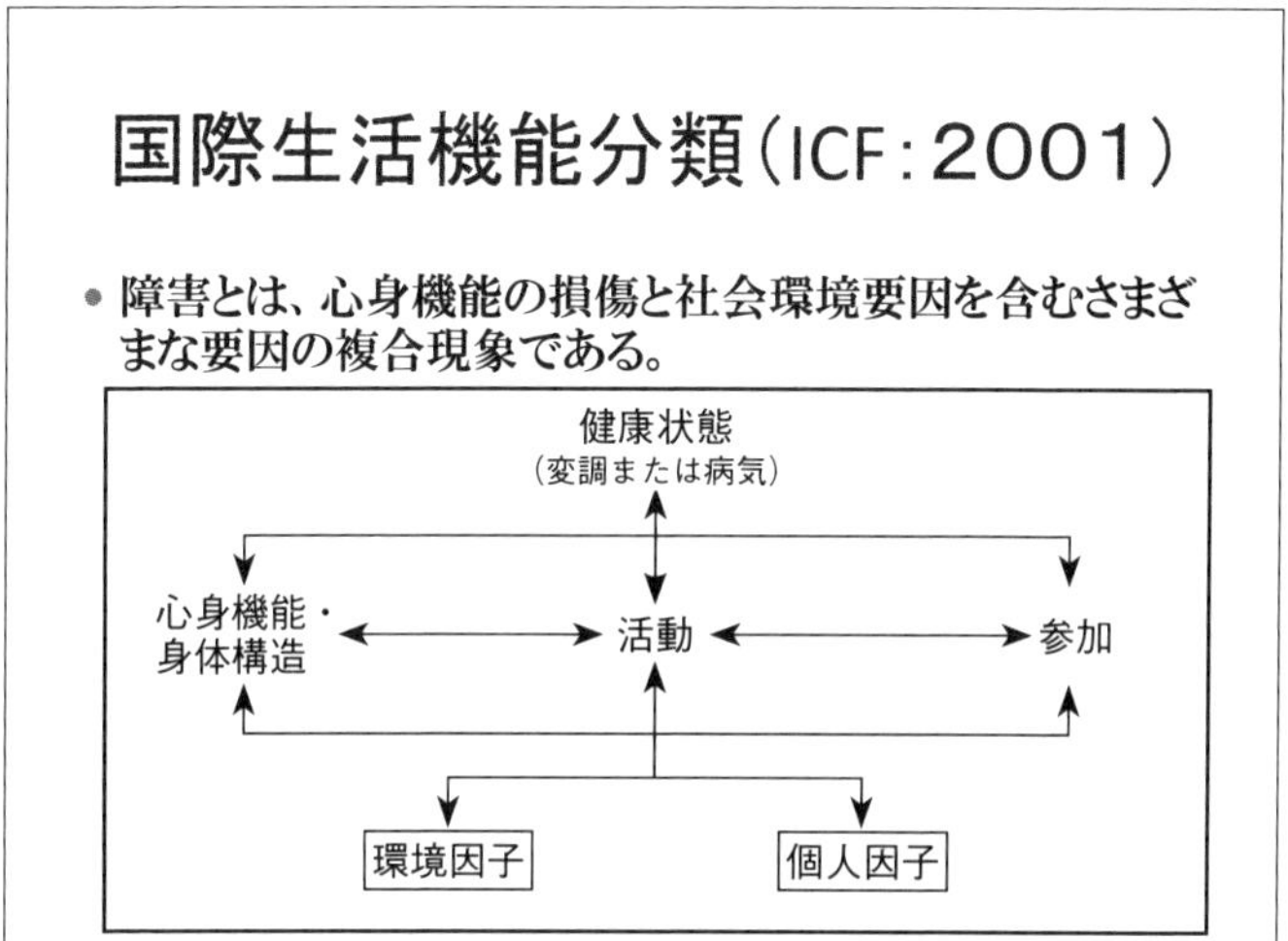

図4

のほうに「環境因子」だとか「個人因子」と書いてあります。

つまり、この二〇〇一年の「国際生活機能分類」では、障害は神経が切れているという単純な話ではなく、いろいろなファクターが相互に関わりながら発生している現象だ、というものです。

だから、どれか一つを改善する、たとえば心身機能を治せばすべてが解決するというものではないし、逆に活動とか参加がより多く保障されるかされないかで、心身機能や身体構造の具合の悪い部分がよくなったり悪くなったりする、という考え方です。

たとえば脳梗塞で倒れたとき、脳神経は一部分損傷しているので心身機能の障害が発生します。そのとき、「自治会にどんどん参加してください」とか「家のなかのこともやろうよ」と活動性を高めていくと、一定のリハビリ効果が生じます。同じ程度の脳梗塞でも、参加や活動が保障されると元気になるし、寝たきりにされてしまうと心身機能の損傷が悪くなっていく現象が発生します。相関的というのか、それぞれがよくも悪くも影響し合うので、総合的に見ていきましょうというのが、二〇〇一年のＷＨＯ「国際生活機能分類」の考え方です。

障害者権利条約の障害観

二〇〇六年に国連が採択した障害者権利条約は、二〇一四年に批准して、いま日本の法律にもなっているわけですが、そのなかで障害について述べています。

実は障害の定義を確定させていないのです。障害はこれからもいろいろな考え方が発展していく概念なので、二〇〇六年の段階で障害の定義を明確に述べることはできない、発展する考え方だということをいったあとに、

「障害が機能障害〔インペアメント〕のある人と態度及び環境に関する障壁との相互作用であって、機能障害のある人が他の者との平等を基礎として社会に完全かつ効果的に参加することを妨げるものから生ずる」（川島聡＝長瀬修　仮訳〈二〇〇八年五月三〇日付〉）

といっています。翻訳した文章なのでわかりにくいですが、考え方の根っこにあるのは、障害とは、他の人にできていることがある人にはできないこと。それは何なのかというと、機能障害だけが問題ではなくて、その機能障害があることと社会の側の態度とか社

会の環境とか、バリア（障壁）、別の言い方をすれば、社会のほうの思い込み、人間はこんなものだという思い込み……そういったことが関連するわけです。

みんな音声言語で話して、耳で聞き、視力はだいたい一・〇前後くらいはある、階段は一五段くらいなら誰でも息が上がらずに昇っていける、そういうイメージで社会をつくっていくと、その思い込みから外れてしまった人にとってはバリアがたくさんあることになります。文字が小さすぎると読めない、階段が急すぎると昇れませんということが起こったりします。

今日、もし聴覚障害の方がいらっしゃると、私がここでお話ししていることが聞こえないので理解できないという状態だったり、視覚障害の方にはスライド画面が見えなくて、本当の情報提供にはならないわけです。今日、聞きに来ている方はたぶん、こういう人たちだろうという、あるモデルでお話をしているわけです。そこから外れてしまうと、聞けないとか見えない状態が発生するわけです。

障害者権利条約の「日常生活上の困難」これを考えてみます。中学か高校のときを思い出してください。「日常生活上の困難」を、もし障害、つまり他の人にはできているが、この人にはできにくい、難しいということを障害と考えたときに、「f（impaiment《インペアメント》, enviornment《エンバイアラメント》)」と表します。

どういうことかというと、機能障害と社会環境の関数だということです。つまり、機能障害が重ければ重いほど日常生活の困難も重くなるかもしれない。逆に、環境的な条件がよくなっていけば、機能障害が同じ重さでもできないことができるかもしれない。だからインペアメント（機能障害）と、エンバイアラメント（社会環境）の二つのファクターをどう動かしていくかが重要だとしています。その二つの関係のなかに、障害という問題が発生しているという、そういう整理として少し数式化してみたわけです。

この考え方からいくと、図1に示した、いろいろな形をした物体を四角い箱の丸い穴に入れるにはどうしたらいいのかです。つまり、障害はどこに発生しているのかという問題に、「関係」に障害というものが発生するのだといえます。つまり、ある特定の思い込みによってつくられた社会と、その思い込みから外れてしまっている人との「関係」のなかに障害が発生するということです。

その両方、どちらかを変えなければいけないということではないのかもしれません。

「人間はこんなものだろう」と勝手に思い込んで、税金を使って社会をつくる、街をつくると、「税金はみんなのために使ってください」という話です。障害のない多数派の人たちが「人間はこんなものでしょ」と思ってつくるのは身勝手すぎませんか、社会をつくるためのお金は全員が使えるお金のはずですよ、ということが出てくるわけです。

障害は「関係」のなかに発生しているのですが、このインペアメントとエンバイアラメントのどちらを、より変えていくべきなのかということです。エンバイアラメントのほうを変えていかなければいけないというのが、権利条約や差別解消法が言おうとしている根本になるわけです。

エンバイアラメント（社会環境）を考える

その前提にあるのが「社会モデル」とか「相互モデル」とかいうものです。「社会モデル」と「相互モデル」はかなり似ているのですが、違いがどこにあるかというと、「社会モデル」はかなりラディカルで、障害という現象は社会が発生させているのだ、要するに社会の思い込みによって障害が発生しているという考え方に徹するわけです。「相互モデル」というのは、さきほどの数式の、障害はインペアメントとエンバイアラメントの関数、相関関係だという考え方に近いわけです。そこが少し違いますが、「相互モデル」も社会に大きな原因の一端があるといっているという点では「社会モデル」と近いわけです。

障害のある人に日常生活の困難がある。つまり、他の人と同じように行きたいところに行くことができない、ということがなぜ発生するのか。その原因は社会のあり方に少なくとも一因があるのだということです。

つまり、階段は作ってもスロープを作らなかったから、行きたいところに行けないという現象が発生するのだから、それは社会に問題があるという考え方です。社会は障害のない人たちだけのものではないので、社会のあり方を障害のない人だけが使いやすいものにするのは、障害のない人の横暴、独占で不公正ではないのか、ということです。

まだ練馬に住んでいた頃、子どもをベビーカーに乗せて西武線の電車に乗ったことがあります。そうすると、車内放送で「ラッシュ時や通勤時間帯はできるだけベビーカーを電車に乗せないでください」という放送が流れていました。

日本は経済中心主義で、小さい子どもやお年寄りは「サラリーマンが通勤するときに邪魔だから、一〇時か一一時に移動してね」、そういう考え方はどうなんでしょうか。そういうベースが、障害問題についても同じようにあるということです。

社会は障害のある人にとっても他の人と同じように使いやすい社会構造に、その構造を変える責任がある。これはノーマライゼーションでもよくいわれることです。「社会モデル」とかノーマライゼーションというのは、変わるべきは障害者ではなくて社会である、という考え方です。

障害のある人にお話を聞くと、教えられることが多いと思います。私の親しい友人で車いすに乗っている弁護士がいるのですが、彼は小さい頃ずっと養護学校に行っていて、いまは車いすです。昔から足が動かないという点は変わらないのですが、何が興味深いかというと、一九六〇年代、七〇年代の養護学校やリハビリテーションです。

車いすはなるべく使うのをやめなさい。車いすを使っても、街のなかはバリアだらけで、行きたいところに行かれない。だから、不格好だが、あるいは転ぶ危険性もあるが、杖を使って歩く練習をしなさい……。おかげさまでというか、彼は足を引きずるような形になっていますが、いまでも杖を使って歩くことはできるわけです。杖だったら階段を昇ったり降りたりできる。けれども車いすでは絶対に階段を昇れません。だから学校ではまず極力、杖を使いなさいといわれた。

それから聴覚障害の人に対する教育でも、ろう学校では手話は教えませんでした。なぜかというと、手話を教えても聴覚障害者同士は話ができるかもしれないが、世の中の大多数の人は耳が聞こえるので、手話では会話ができない。だからろう学校では、手話は教えずに唇を読む、相手がどういうふうに口を動かしているのかを読んで、相手の人が何をしゃべっているかを理解するようにする。

聴覚障害の方は、もちろん自分の声も聞こえないです。自分がどう発音しているかも聞こえないのに、無理に声を出して、自分には聞こえない声で相手に伝える。そうすると、耳の聞こえる大多数の人は、しゃべってくれるから理解できるし、こっちの言っていることは向こうが唇を読んでくれるので、会話が成立する。だから、そういう教育をしたわけです。

これはどういう考え方かというと、聴覚障害がない人の世界、二本足で歩く人たちの世界で生きていくためには、あなた方が変わらなければだめですよ。杖で歩けるようになりなさい。自分では聞こえないが声を出しなさい。相手の言っていることは唇で読みなさい。でないと、社会で生きていけませんよ……。

この考え方は、変わるべきは障害者であって社会ではない。社会は頑として多数派が、耳の聞こえない人のこと、二本足で歩けない人のこと、車いすに乗っている人のことを考えられません。忙しいときに新宿駅に「車いすなんかで来るなよ」といわんばかりの社会になっている。そういう冷たい社会で生きていくためには、障害のある自分たちがなんとか変わるしかない。これが昔のリハビリモデルだった。

それはノーマライゼーションとは逆の考え方です。社会が変わるのではなくて、障害者が変わっていかなければいけない、という考え方です。

ノーマライゼーションとは

けれどいまは、差別解消法だとか権利条約の考え方になっている。いままでわれわれの社会はあまりにも、人間の多様性に対する想像力を欠いていたのではないのか。人間のなかには目の見えない人も、耳の聞こえない人も、足の動かない人もいて、それが人間の社会として当たり前です。そもそも、目の見えない人や耳の聞こえない人がいない社会や時代がありましたか。奈良時代にも江戸時代にもそういう人はいたし、現在もいるわけです。そういう人のいない国がどこかにあるのですか。そんな国はどこにもないわけです。

考えてみると、障害のある人がいるのは、人間社会の当たり前のことです。昔のナチスだとか、一時期の日本のように、優生思想といって、障害者がいなくなるような世界をつくろうとした時代もなくはないですが、一般的には、普通に人間の社会が、社会として存在しているときには必ず、どんな時代にもどんな場所にも障害のある人はいるわけです。

われわれの社会は「人間にはいろいろな人がいる」ということに想像力を欠いていた。

障害のない人たちは自分たちのことしか考えていない、逆に障害のある人たちはとても割をくった、生活のしづらさが発生するのだという考え方が「社会モデル」とか「相互モデル」というものの基本にあるわけです。

障害者権利条約（日本政府公定訳）の前文の「m」というところに似たようなことが書いてあります。

「障害者が地域社会における全般的な福祉及び多様性に対して既に貴重な貢献をしており、又は貴重な貢献をし得ることを認め」る。

どういうことかというと、「社会モデル」の考え方とか障害に対する理解は、いわば人間の多様性に対する想像力をどれだけ膨らませることができるか、ということ。みんなが自分と同じではないということです。

あなたは二本足で歩いているかもしれないし、あなたはこれくらいの大きさの字が読めるかもしれないが、みんながみんなそうではない。もっといえばあなた自身も、年をとったら小さい字が見えなくなるし、ごく小さいときは文字がよくわからなかったし、あるいは歩く速度や走る速度も年齢とか健康状態によって大きく変化するわけです。そういう変化とか多様性について、私たちがどれくらい想像力を豊かにできるかということなのです。

それを一番教えてくれるのは障害のある人で、いわば身をもって教えてくれています。だから私は長年おつき合いしていますが、実に豊かな人間性というか、社会とはこういうふうにつくらなければいけないとか、人間はこうでなきゃいけないのだということを教えてくれる。障害のある人がいかに社会に貴重な貢献をしているか、またしていくかを、権利条約はいっているわけです。

障害者権利条約の三条に、この条約の基本的原理、最も大事な価値観は何かということが書いてあります。そのなかには、さきほど出てきた自己決定権のようなことも書いてあります。

「差異の尊重並びに人間の多様性の一部及び人類の一員としての障害者の受入れ」

とあります。翻訳した文章なのでわかりにくいですが、人間は違っていてこそ人間だという、多様な存在であるところに人間としての素晴らしさ、意味があるということです。

みんなが全部いっしょだったら気持ち悪い話かもしれないくらいで、多様性とか差異を尊重して、違っているものを違っているものとしてお互いに受け入れていきましょうと。多様性に対する想像力とか、違っていることに対する寛容性、広い心をもってお互いに認め合えることが、基本的にこの権利条約や解消法の重要な価値になる、ということです。

さきほどノーマライゼーションとの関係について申し上げましたが、この解消法とか権利条約の考え方は、いままでのノーマライゼーションとか脱施設化という考え方とも共通項があります。

ノーマライゼーションは、一九六〇年くらいから、デンマークとか北欧の国々で言われ始めてきた考え方です。

それから脱施設化は、これは二〇世紀の前半から、知的障害とか精神障害とか、あるいは当時は高齢者はあまりいませんでしたが、最近でいえば高齢者とか、そういう人を一カ所に寄せ集めて、施設に入れておくような考え方は間違っている、みんなが地域でいっしょに暮らせるような社会をつくっていきましょう、という考え方です。これも一九六〇年くらいから、どちらかというとアメリカを中心として出てきた考え方です。

ノーマライゼーションの方は、本来の人間社会は多様性に富んだ社会である。だからノーマライゼーションの「ノーマル化（正常化）」というのは、実は障害のある人がアブノーマルなのではなくて、社会がアブノーマルなのです。

つまり、人間の社会は多様な人間が存在しているのが本当でノーマルなのだが、再三申し上げているように、一定の思い込みから、あたかもそういう人、車いすで外に出かける人などいないかのように社会をつくっている。そういう社会がアブノーマルな社会なのです。車いすを使う人だって当然いるのだから、そういう人が移動できたり、生活できるような構造にしなければいけないのではないですか。それがノーマル化するということで、ノーマライゼーションとは、多様性を無視したゆがんで偏った社会を、多様性を受け入れた普通の社会にしていきましょうということです。

現在の人間社会は、人間の多様性を見失って、画一的で平均的な人間像でつくられたゆがんだノーマルでない社会。このノーマルでない社会を、本来の人間の多様性に対応できる社会に変革する必要があるというのがノーマライゼーションです。だから、権利条約や解消法と同じ価値観に立っているのです。

われわれは普段、自分たちの社会がゆがんでいるとあまり感じないですが、障害のある人に話を聞いてみたり、そういう人の生活を眺めてみると、われわれの社会はかなり思い込みでつくられているんだなと思います。

それから脱施設化はどうかというと、施設は、人間の多様性に対する寛容さを失った社会が、異なるものを社会から排除するための装置として機能してきた。精神障害の人は何をするかわからないから気持ち悪いとか、知的障害の人は普通の子どもたちが行っている学校では勉強できないから、そういう人は少し特別な場所に集まってください、というのが施設で、二〇世紀の前半から後半まで続いた。二〇世紀という時代は、そういう時代だったわけですね。

医学が進歩したおかげで、医学的に同定されたという……、たとえば精神障害は、原因はまだあまりよくわからないのですが、脳の機能に一定の問題があるのだろうとか、知的障害だと脳の前頭葉、額のほうの神経組織が十分に発達していないと発生するとか、そういうことがわかってしまうと、そういうグループの人は他の人と違うのだから別のところに集まっていてください、これがいわば施設だったということです。

けれど、本来の人間社会の多様性を尊重して、多様性に対応できる社会ができていけば、施設はだんだんいらなくなっていくのではないか、ということがあります。これは今後、高齢社会を考えていくときに、特別養護老人ホームとか有料老人ホームのようなものをどんどんつくっていくのがいいのか、それとも、年をとってもできれば自分がいままで住んでいた場所で生涯を送ることができるような方法を考えるべきなのか、というあたりに影響してくるかもしれません。

障害者差別解消法とは

障害者差別解消法は技術的な法律ですが、いまお話ししたことが、そういう法律の大前提にある考え方です。人間とは何か、社会とは何か、人間と社会はどういう関係にあるのかというところが根本問題にあって、それがこの法律の根っこにある、ものの考え方ということです。

それでは差別解消法は障害をどう定義しているかです。条文の二条に定義規定が次のようにあります。

「身体障害、知的障害、精神障害（発達障害を含む）その他の心身の機能の障害（以下「障害」と総称する）がある者であって……」

ここまでを読むと、この法律では、障害とはある意味「医学モデル」的な機能障害を「障害」としている。しかし「ある者であって」の後に、

「障害——つまり機能障害——及び社会的障壁により継続的に日常生活又は社会生活に相当な制限を受ける状態にあるものをいう」

と続きます。だから、日常生活とか社会生活に相当な制限、他の人にはできていることがなかなかできにくいという状態がなぜ発生するのか、この定義では「障害及び社会的障壁により」、機能障害があることと社会環境のほうにバリアがあることの二つの相互作用によって、「できない」ということが発生します、といっている。いわば「相互モデル」とか「社会モデル」にもとづいて定義をつくっているということになります。

「社会的障壁」とは何かというと、英語で「バリア」というものですが、

「障害がある者にとって日常生活又は社会生活を営む上で障壁となるような社会におけ

る事物、制度、慣行、観念その他一切のものをいう」

と、何であれ一部の人にとって、他の人ができることができない何らかのものがバリア、障壁というものだ、ということになっているわけです。

ところで、障害者差別解消法ができても、実はすべての法律が変わったわけではありません。これを見ていきたいのですが、一番典型的な福祉法として、身体障害者福祉法があります。この四条を見てみると、

「この法律において、『身体障害者』とは、別表に掲げる身体上の障害がある十八歳以上の者であって、都道府県知事から身体障害者手帳の交付を受けたものをいう」

とあります。われわれが普通常識的に考えている障害者、身体障害者というイメージとも少し違うのです。なぜ違うか、技術的な意味では身体障害者手帳の交付を受けていないと、法律上は身体障害者ではないのです。片足がなくなっていても手帳がなければ身体障害者ではない。「あなた手帳をもってないでしょう」ということになってしまいます。

それは技術的なことですが、根本原理的なことでいうと「別表に掲げる身体上の障害がある」者となります。別に児童福祉法という法律があって、一八歳未満の人は児童福祉法

が適用になるので、ここで年齢が出てくるわけです。その別表には、いろいろなことが書いてあります。

たとえば聴覚障害について、「二」に「次に掲げる聴覚または平衡機能の障害で、永続するもの」として、たとえば「1」番として「両耳の聴力レベルがそれぞれ七〇デシベル以上のもの」とか「一耳の聴力レベルが九〇デシベル以上、他耳の聴力レベルが五〇デシベル以上のもの」とか細々と書いていています。

さあ、これは何モデルでしょうか。「医学モデル」か「社会モデル」か「相互モデル」か……。これは「医学モデル」です。要するに検査して聞こえなかったら「はい、聴覚障害です」、「手帳をもらえますから、手帳もらってきてください」という話になって、やはり身体障害者福祉法は実はまだまだ「医学モデル」にもとづいている、ということになります。

しかし時代は徐々に「社会モデル」とか「相互モデル」の方向に動いているわけで、将来的には身体障害者福祉法も定義が変わってくることは十分あり得るだろうと思います。

この差別解消法の一番重要な規定は、差別をしてはいけませんということと、少し耳新しい言葉で「合理的配慮」をしなければいけません、という規定になっているのです。

条文を見ていただくと、七条が「行政機関等の義務」で、八条が「事業者等の義務」というものです。大雑把な分け方でいうと、「行政機関等」というのは、国とか自治体といった公の機関で、「事業者」というのは民間企業とかデパートとか民間病院とかの話です。公と民間で分けているのが、この七条と八条です。

七条は「行政機関等の義務」です。

「行政機関等は、その事務又は事業を行うに当たり、障害を理由として障害者でない者と不当な差別的取扱いをすることにより、障害者の権利利益を侵害してはならない」

簡単にいえば、公的機関はその仕事において、障害を理由として人を差別してはいけません、というのが第一項です。わかりやすい話です。

少しわかりにくいのは二項のほうで、

「行政機関等は、その事務又は事業を行うに当たり、障害者から現に社会的障壁の除去を必要としている旨の意思の表明があった場合において、その実施に伴う負担が過重でないときは、障害者の権利利益を侵害することとならないよう、当該障害者の性別、年齢及

び障害の状態に応じて、社会的障壁の除去の実施について必要かつ合理的な配慮をしなければならない」

とあって、これが障害のある人に対する差別禁止とか差別解消というときの、独特な規定になっているわけです。通常、いろいろな国で使っているのが「合理的配慮」と呼ばれているものです。どこが独特かというと、たとえば人種差別とか、女子差別という性別による差別の法律の条約にはこの「合理的配慮」は出てこないのです。「差別をしてはいけません」とは出てくるのですが、「合理的配慮もしなければいけません」というのはないのです。

なぜ障害の人のときだけ「合理的配慮」が出てくるか。人種差別だと、アメリカで黒人はこのレストランに入ってはダメ、というのが人種差別です。差別してはいけないとは、『入ってはいけません』といってはいけません。黒人の人も自由にこのレストランを使えるようにしなさい」というのが差別禁止になるのです。

ところが障害者に対する差別問題になると、一階が駐車場で二階にレストランがあると考えたとき「うちは別に、障害者に来ないでくださいとはひとこともいっていません。どうぞ来てくださいといっています。差別していません」というとき、「そうだよね」といったら問題は解決しないわけです。「エレベーターをつけなさい」「エスカレーターをつけなさい」とか、「二階をレストランにして、二階を駐車場にしなさい」、つまり何かを相手にさせないと差別が消えないわけです。

根本原理的にいうと、社会がゆがんでしまっているので、あるいは障害がある人が利用することを想定していないので、障害がある人が利用することを想定するように変わってください、ということにならないと、差別は消えないわけです。

「合理的配慮」とは何かというと、「もともとあなたが来ることを考えていませんでした。だからその設備はありません」というとき、「私が来ることも考えて、私のための設備をつくってください」というのが「合理的配慮」なわけです。

なぜその義務があるかというと、どんな時代、どんな国にも障害者は存在していて、当然障害者は社会の一員であるという認識をもつべきなのに、なんで障害者が来ることを想定しないのですか、それはおかしいでしょう。だから、障害者が来ることも想定して、あなたの店をつくり直してください、というのが「合理的配慮」ということです。

人種差別や性別による差別は、差別的なことを言ってはいけない、排除してはいけないということは共通です。「それをしてはいけません」といえば差別は消えてしまうのですが、障害の問題になると「言ってはいけません」というだけでは差別は消えないわけです。だから「合理的配慮」という独特な表現になるわけです。

この七条で、よく覚えておいていただきたいのは、この「合理的配慮」について、公的機関は「合理的な配慮をしなければばならない」と法的な義務になっています。

それに対して八条の事業者は、一項、二項だいたい似た条文ですが、二項のほうは「合理的な配慮をするように努めなければならない」となっていて、微妙に違います。公的機関は合理的配慮をすることが義務ですが、民間は合理的配慮をするように努める。だから「がんばっています」と言えばすんでしまう、ということです。

極端にいうと、区役所などの行政機関だと、二階を受付カウンターにしていて、車いすの人が二階に上がれませんから「エレベーターつけるなり、受付カウンターを一階に下げてください。これは義務ですよ」ということになるのですが、レストランは、「いや、これから何とかがんばります」といえば、「努力してくれるならよしとしようか」ということになってしまって、法的な要求はできないことになってしまうのです。

病院も公立病院に行くと合理的配慮は義務です。「私は聴覚障害なので、お医者さんの説明は声でわからないので、手話通訳の人をたてて病気のことを説明してください」というと、病院の合理的配慮義務ということになるのです。

ところが民間病院に行くと「いや、いますぐといわれても……。今後少し検討させていただきます」といわれてしまうと、合理的配慮は義務ではなく努力義務で終わってしまう。極端にいったら救急車で運ばれたところが都立の病院なのか民間の病院なのかで、全く違ってしまうということです。

学校もそうです。障害のある子どもが公立の学校に行ったら、この子は車いすを使っているので学校をバリアフリーにしてくださいと要求ができる。けれど私立学校に行くと「バリアフリーにしてください」といっても、「うちは民間なんで、努力義務はありますけど法的義務はないんで」ということが起こる。そういう意味では少し不十分な規定になっているわけです。

こういうところについて法律家的には一応理屈をこねることにしていて、努力することは義務なので「努力したいですか」ということはいえるわけです。

ある私立小学校が車いすの子どものための合理的配慮をしていないとする。けれど「この学校と同じくらいの規模の他の学校は、みんなそれをやっていますよ。民間であろうと公立であろうとやっていますよ。同じ規模なのに、実際には合理的配慮は努力義務だが、これでは努力していることにならないでしょう。他ができているのに何でお宅だけできないのですか」という話になる。

病院の場合、公立も民間病院も私立病院も含めて、「だいたい同じ規模くらいの病院だったら他は全部やっています。なぜお宅ができてない？ それは努力してないってことになりませんか？」という追求はあり得るとは思います。

実は、ここが解消法をつくるときに最後までもめたところで、民間にそういう義務を課すべきか課さないかは、少し問題になっているところです。

法律は、身体障害者福祉法も定義が違うというあたりで、まだ法律自体きっちり整備されてないのです。たとえば障害者雇用促進法を見ると、これも来年（二〇一六年）の四月から効力が発生することになっていますが、三四条に、

「事業主は、労働者の募集及び採用について、障害者に対して、障害者でない者と均等な機会を与えなければならない」

と書いてあり、三五条はさらに「不当な差別的取扱いをしてはならない」と書いてあるのです。続いて、雇用促進法は事業者に合理的配慮をしなくてはいけないという規定をつけています。障害者雇用促進法だと、民間の企業であっても合理的配慮は法的義務になっているのです。条文は、そこまで引っぱっていません。

この法律を適用していくと、とても不思議な現象が発生します。たとえば、デパートはお客さんに対しては合理的配慮は法的義務ではなくて努力義務です。けれど従業員に対しては法的義務です。だから従業員のためには手話通訳者をつけなければいけないが、お客さんのためには手話通訳者をつけるようにがんばればよい、ということとなります。その違いが何で、どういう意味があるのか、というのがよくわからない。このあたりは、法律がまだ十分に整備できてなくて、今後整備していかなければいけないことになっていくわけです。

合理的配慮について、「三六条の二」と「三六条の三」があって、全部読むと時間もな

いので要点だけいうと、三行目あたりで、

「労働者の募集及び採用に当たり障害者からの申出により当該障害者の障害の特性に配慮した必要な措置を講じなければならない」

と書いてある。だから労働者を募集・採用するときには、たとえば採用面接のときに「手話通訳をつけてください」とか、あるいは「会社のパンフレットを点字でわかるようにしてください」とか、視覚障害とか聴覚障害に対する配慮をしてくださいと要求できる。これは努力義務ではなく法的義務になるのです。

「三六条の二」は「雇うときに」の話ですが、「雇ったあとで」というのが「三六条の三」です。

「その雇用する障害者である労働者の障害の特性に配慮した職務の円滑な遂行に必要な施設の整備、援助を行う者の配置その他の必要な措置を講じなければならない」

と書いてあるので、これも法的義務ということになるわけです。

最初から障害があって採用されることもあるし、採用された後で交通事故に遭って障害者になってしまったとか、あるいは最近だと、うつ病になってしまったとかというときに、「私は昨日までは普通に歩けていましたが、交通事故で下半身が動かなくなってしまったので、車いすになってしまうが、それなりの配慮をしてください」と言える。「歩けないなら営業ができないから、辞めてください」というのは許されなくて、「では、経理の仕事にまわしてください」とか、あるいは「営業で回るための特別な自動車を手配してください」とかになる。手だけで操作できる自動車もあるのです。車いすを使っている方が乗れる車です。「そういう車があれば営業にも回れます」そういう配慮をしてくださいということになる。

あるいは、うつ病で少し朝つらいので、フレックスタイム制にしてお昼から出るのを認めてください。その代わり夜は五時帰りじゃなくて八時まで仕事するから、始業時間は一二時にしてくださいとか、そういうことが要求できるようになる、ということになっているわけです。

だから、差別解消法のほうは、事業者、民間企業にはデパートも工場も会社もいろいろあるので、合理的配慮を法的義務ではなくて努力義務にしたわけですが、雇用という場面に関しては、少し民間企業の義務はきびしくなっているわけですね。

日本の法律の落とし穴──障害者差別解消法の実現のために

障害者差別解消法は、差別してはいけないとか、合理的配慮をしなければいけないとなっているわけですが、実際にどうやって差別を禁止したり合理的配慮を求めることができるのか、実現方法や救済方法を、少し考えていきたいと思います。

これは日本の法律の特徴的なところです。図5の三角形で「行政指導型」と書いています。障害者差別解消法は行政指導型の法律なのです。この法律を読んでいくと、まず政府がこの法律にもとづく基本指針を定めて、その基本指針に従って国とか地方公共団体が対応要領を定めて、さらに主務大臣が事業者の対応指針をつくることになっている。

主務大臣とはたとえば、文部科学省だったら学校に対する対応指針を定めるし、消費者庁だったらデパートなどに対応指針を定めたり、主務大臣がそれぞれ自分の所管事項についての民間事業者の対応指針を定め、上から下へ順繰りに基本指針とか対応要領とか対応指針が定められていって、それを守っているかどうかをそれぞれの役所が監督をする。だから事業者に対して、きちんと守っているか、どういうことをやっているかを報告させたり、情報を聴取したり、必要な助言とか勧告をするということになります。

何をいいたいかというと、本当は障害者差別解消法をつくるときに、他の国の障害者差別禁止法と同じように、障害者が権利を侵害されたり差別を受けないという、つまり障害者が主語になって「障害者は差別されない」とか「障害者は合理的配慮を要求できる」とか「障害者にはこういう権利がある」という、そういう法律にしようではないかという話をし

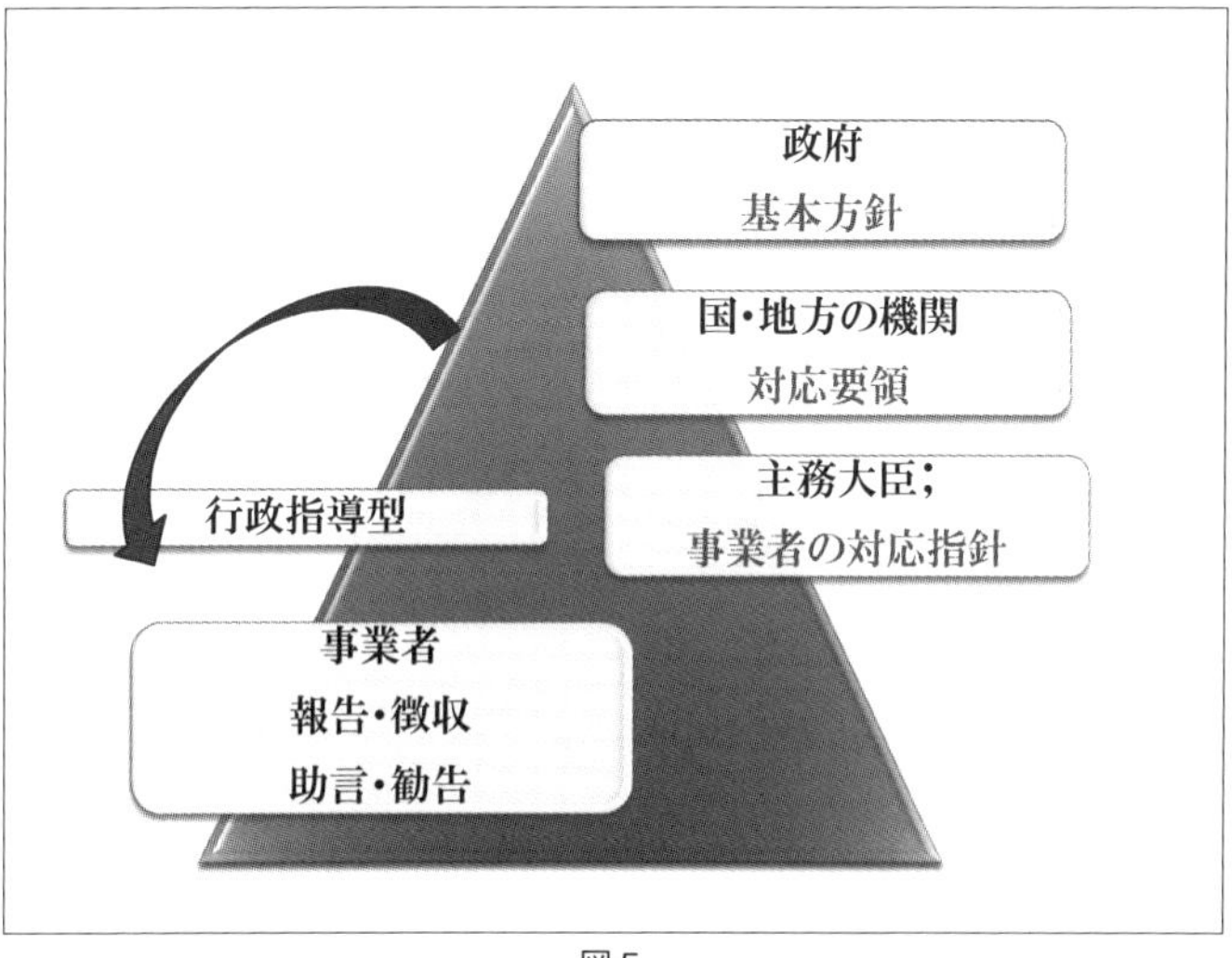

図5

ていたわけです。他の国の法律はみんなそうなのです。障害者権利条約もそうです。「障害者はこうだ」と書いてある。

ところが日本の法律は、政府の役人がハッキリと言っていることですが、「日本というのは、権利をふりまわすのは馴染まない国だ。だから、障害者に権利があるとか障害者は差別されないとか、障害者は合理的配慮を要求できると書くと角が立ちすぎるので、ひっくり返した書き方をしましょう」と。どういうことかというと、「事業者は合理的配慮をしなければいけない」「みんな障害者を差別してはいけません」と、こういう書き方になる。

だから差別解消法も、他の法律も比較的そうで、身体障害者福祉法、精神保健福祉法、あるいは知的障害者福祉法とか発達障害者支援法とか法律があるのですが、そのタイトルになっている人に権利があるというのはどこにも出てこないのです。

精神障害者福祉法、あるいは医療法でもいいですが、「精神障害者の人はお医者さんから説明をしてもらう権利がある」という書き方はしないのです。「医師は説明をしなければならない」と書いてあって、患者の側に説明を受ける権利があるとは書いてないのです。

あるいは、一定の事情がない限りは自由を奪われないのですが、「精神障害者は無理やりに強制入院させられません」という書き方ではなくて、「病院の管理者はこういう場合でなければ強制入院はさせることができません」という書き方をしていて、どの法律も権利をベースにしてつくらないのです。

さらにいうと、そういうことはお上できちんと見てあげる、お上が守らなければいけないことを定めて、けしからん業者がいたらお上がきちんとやります、こういう書き方をしている。

似ているのは、たとえば個人情報保護法です。「国民にプライバシーの権利があります」とはひとことも書いてありません。「事業者はこういうときは情報を勝手にもらしてはいけません」とか「事業者はこういうルールに則って情報を管理しなければいけない」と書いてあるのですが、国民とか市民にプライバシーの権利がありますと、普通に考えたら第一条あたりに書いてあってもよさそうなものですが、そう書いてないのです。それが日本の特色です。

ある事業者が「障害者は入れませんよ。合理的配慮はしませんよ」といったとき、「その事業者は主務大臣が定めた対応指針に則っていないからけしからん。行政指導します」という入り方をします。けれど、車いすに乗っている人は「私の意見は誰が聞いてくれるの」となる（図6）。別にお上に何かいえる手続き規定もないわけです。だから、少し嫌味な言い方をすると、お上がすべてを見わたしてしかるべく処置をとるので、下々の一人ひとりの障害者が権利だ何だとガタガタいうな、という法律に出来上がっています。

それに対して、他の国の権利をベースにした差別禁止法の構造は、たとえばアメリカを典型にする差別禁止法のつくり方は、障害のある人が権利の主体です。これは必ずしも障害に限らず、個人情報にしてもそうです。国民がプライバシーの権利の主体であって、もしそういう権利が侵害されたら、平等の実現のために裁判所に訴えを起こすことができる（図7）。

裁判所に訴えることができることになっていて、被告の側の事業者にも「過度の負担の抗弁」というのがあるのです。たとえば、二階にレストランがあるのを、一階をレストランにして二階を駐車場にしろと、合理的配慮として要求できないわけではありません。で

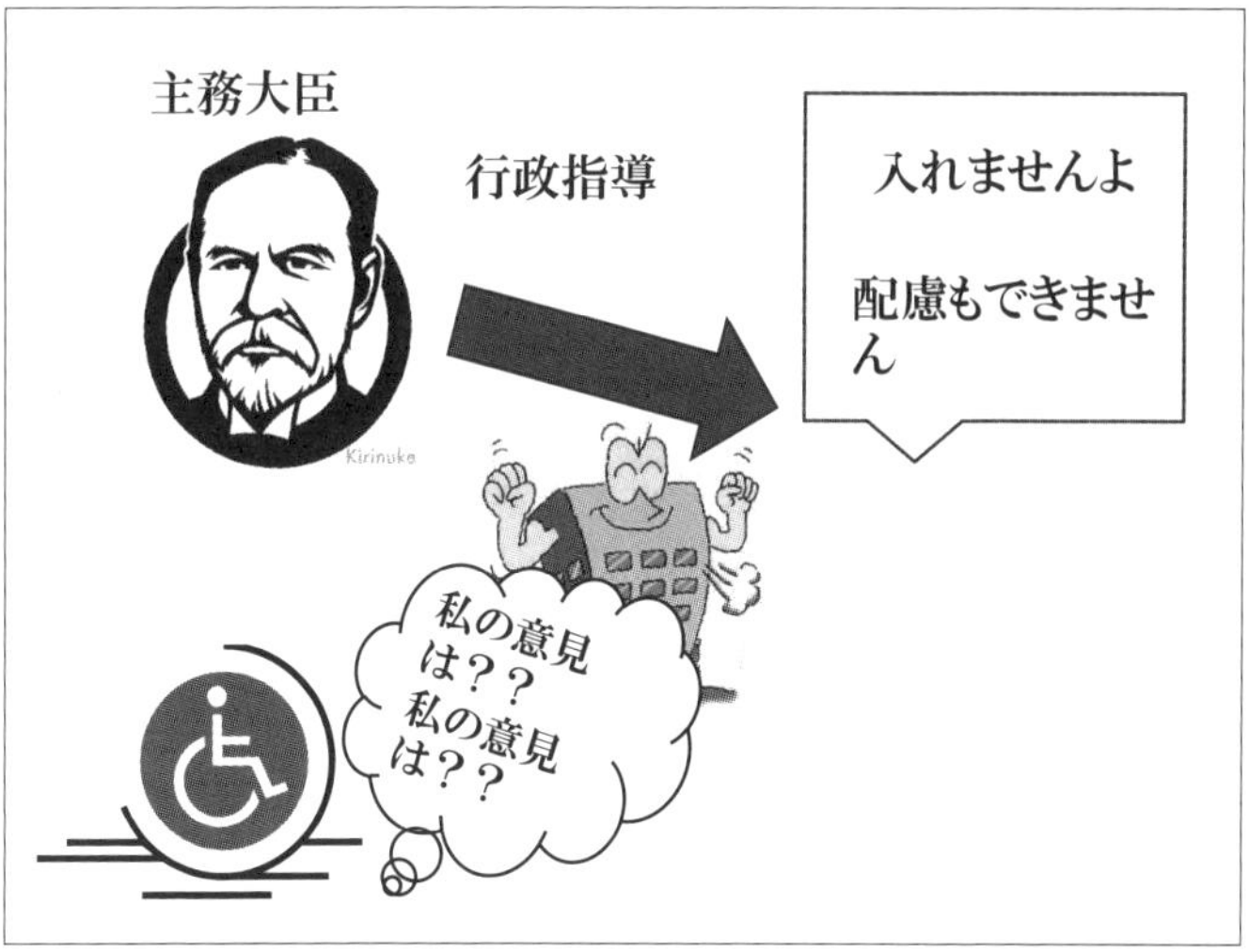
主務大臣
行政指導
入れませんよ
配慮もできません
私の意見は？？
私の意見は？？

図6

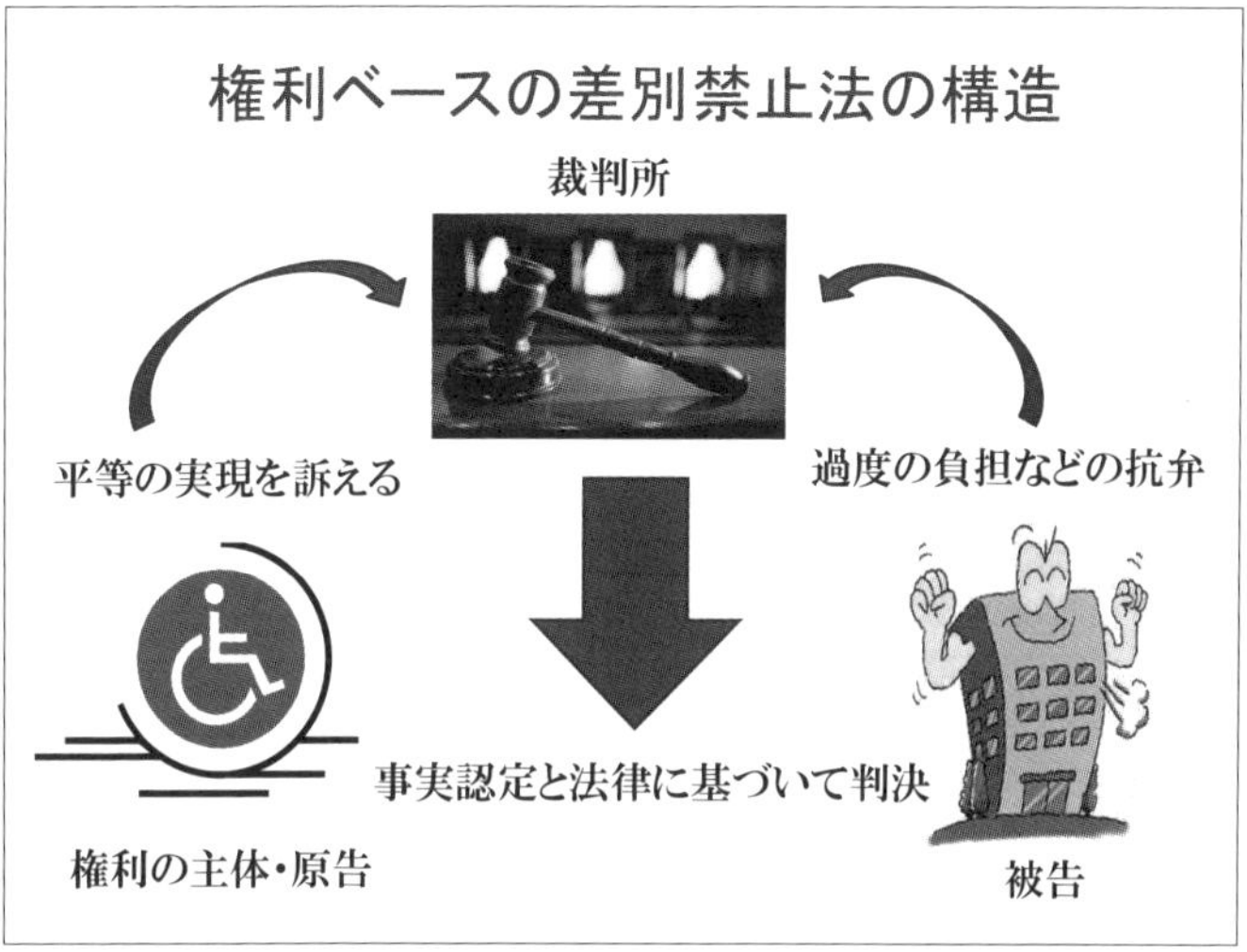
権利ベースの差別禁止法の構造
裁判所
平等の実現を訴える
過度の負担などの抗弁
事実認定と法律に基づいて判決
権利の主体・原告
被告

図7

も、それに三億円かかるとします。「そんなにお金をかけたら、うちのレストランは潰れてしまう」というときには、過度の負担になるので、そこまではしなくていいですよ、というのが「過度の負担の抗弁」というものです。

そういうことをお互いに主張し合って、障害者なり、権利主体である国民が裁判所に訴え出て、もちろん被告の側も「いやいや、そうはいってもこうだよ」と反論して、議論を闘わせて、裁判所が最終的に結論を出す。事実を認定して法律にもとづいて判決を出す。本来の権利ベースの差別禁止法はこういう構造になっているのですが、日本の場合は「下々の者がいちいち権利だ権利だと、とやかくいいなさんな。お上がしかるべくやってあげますから」というふうになっているということです。

解消法はどう書いているかというと、一四条に、こうあります。

「国及び地方公共団体は、障害者及びその家族その他の関係者からの障害を理由とする差別に関する相談に的確に応ずるとともに、障害を理由とする差別に関する紛争の防止又は解決を図ることができるよう必要な体制の整備を図るものとする」

これも、「文句があるなら行政機関がきちんと聞いてあげますよ。相談に乗ってあげるし、そういう紛争が起こらないようにいろいろなしかるべき措置をしてあげるので、裁判所に訴えるようなことはしないほうがいいのではないですか」という、弁護士的には困ったような話ですが、そういうことになっているわけです。

一七条の一項は、長いので最後の行だけ紹介しますが、国とか地方公共団体に「障害者差別解消支援地域協議会」をつくりましょう。この「差別解消支援地域協議会」というところで、どういうふうに紛争を解決していくかとか、どんな差別問題があるのかを考えていきましょう、というシステムになっていて、首尾一貫して行政指導型、要するに行政機関が一生懸命やりますという形になっているということです。

障害者権利条約は障害者差別解消法より上位

けれど、それだけだとどうしても不十分です。というのは、もちろん行政機関にがんばってもらうのは悪いことではなくて、それはそれでいいのですが、本当に困ったときに、やはり最後は裁判も必要だということはあり得ることです。そうするとどうするかというと、考え方として障害者権利条約は障害者差別解消法の上位の法律である規範です。国の法律の体系は、一番上に憲法があるわけです。これは一番重要な法規範で、その下に条約がきて、その下に法律があって、その下に条例とか政令とかと、そういう順序になっています。下の法規範は上の法規範に違反できない。つまり憲法に違反するような、なんとか自衛権とか、そういう法律はダメですという、そういう構造になっているわけです。だから、権利条約も法律よりも上なので、権利条約に反するような法律は許されない、ということになっているのです。

障害者権利条約は、障害のある人を権利の主体として規定しているので、差別解消法はそういう書き方ではないですが、これを使いながら、解消法の足りないところを補充していくことができるかもしれない。

実は他の国は、アパートを借りるときに差別されないようにどうしたらいいか、レストランに入るときに差別されないためにはどうしたらいいか、会社に就職するときはどうかとか、そういう生活の場面ごとの差別禁止規定をたくさん、具体的につくっています。けれど日本の差別解消法は、大雑把に「差別してはいけません」「合理的配慮をしなくてはいけません」と、場面ごとにいろいろ違うのですが、あまり細かく書いてないのです。普通は法律のほうが細かいのが当たり前ですが、障害者権利条約のほうにもっと細かく書いてあります。たとえば、教育の場面、医療の場面、労働の場面とかを一つひとつ書いています。

だから障害者権利条約を具体的に使いながら、差別解消法の足りないところを補充していきましょう、という考え方もできるだろうと思います。

もう一つは、差別解消法につくらなければいけないと書いていた、障害者差別解消支援地域協議会という協議会ですが、ここがこれから差別を解消していくための、地域での重要な拠点になることが期待できるわけです。

とくに障害者差別禁止条例、呼び方はこういうふうにラディカルではなく、たとえば千葉県だと「障害のある人もない人も共に暮らしやすい千葉県づくり条例」としています。障害を理由にして人を差別してはいけませんという条例です。そういう条例が全国の一四自治体でできています(二〇一五年七月現在)。かなり広がっているのです。

そういう条例をつくったり、その条例を使いながら地域協議会が活性化していけば、かなり効果が出るかもしれない。あるいは、そういうところに、「うちの地域ではこんな問題が発生しました」ということが集まってくると、将来の差別解消法の改正に向けたいろいろな運動につながっていくこともあるだろうと思います。

障害者差別解消法には、不十分なところもあれば、それなりにできてよかったというところもあります。

さらに重要なことは、みなさんに特に記憶に残ればいいなと思っているのは、人間とか社会に対する自分たちの想像力を豊かにしてほしい、ということです。いろいろな人が存在していて、よく注意してみると、こんなところでこの人は不便な思いをしているのだなということが往々にしてあるので、そういうことにほんの少しでも気づいていただけると、ずいぶん社会が変わっていくのではないかなと思っています。

もしご質問があればということで終わりたいと思います。どうもありがとうございました。

【質問】 デパートのようなお店に段差があって、本来ならバリアフリー法で改修していくような取り組みがなされているが、自分としては納得いかない面があった。店員さんが車いすの人を持ち上げて運んでくれた。それは合理的配慮になるんですか?

池原　とてもいいご質問だと思います。

実はバリアフリー法のような法律でバリアをなくしていくこととと、合理的配慮はどういう関係にあるのかは、とても大事なことです。合理的配慮は、一人ひとりの具体的な障害への必要な配慮です。バリアフリー法は、まだまだ画一的で思い込み的な法律なのです。たとえば大多数の車いすの人の標準に合わせてスロープをつけます。

スロープの角度がどれくらいがいいのかは、車いすの人の腕力によります。腕力が強ければスロープが急でも登っていけるし、ほとんど腕力のない人はスロープがあっても登れないという現象が発生するわけです。

バリアフリー法的には一応、何度くらいの角度だったらいいということになっていて、法律をクリアしていても、そのスロープではダメですという障害のある人は存在します。だから、他の障害者にはそれでいいのかもしれないが、私にはこうしてくれないとダメです、というのが合理的配慮で、本当のオーダーメイドなのです。バリアフリー法はそうではない。障害のある人に配慮しているが大多数の障害のある人には十分ではないか、というレベルに留まっている、ここがバリアフリー法の問題ということになるわけです。だからバリアフリー法がどんなに進んでいっても、合理的配慮が必要だということになるのです。「私」にとっての配慮なので、他の人にとっての配慮じゃありませんから、ということになります。

もう一つは、車いすを持ち上げてくれることが合理的配慮になるのかという質問です。適切な回答かどうかわかりませんが、よく議論になるのは、駅の階段を車いすの人が移動していくときに、「うちの駅はお金がかかるので、エレベーターをつけません。けれどその代わり駅員が持ち上げて運んであげます」というのが合理的配慮になるかどうかです。人が持ち上げて運んで行くのはけっこう危ないのですが、それだけではなく、合理的配慮は、基本的に障害のある人の側から要求することができて、それに合理的配慮をする側が「うちにとっては過重な負担になります」という「過度の負担」だけが唯一の拒否理由になるのです。

二階にあるレストランを一階に下げてくださいというのは、「うちのレストランはせいぜい年収七～八〇〇万なのに、三億円もかけてできません」というのは、過度な負担で拒否理由になるのです。けれど、「スロープをつけてください」という要求に対して、過度な負担にならないが、面倒くさいから人手で持ち上げますよ、というのは拒否理由としては認められないわけです。

つまり、障害のある人の側が、「私にはこういう配慮が必要なのでこれをしてください」といったとき、相手は「過重な負担だったらできません。その代わりこういうことはできます」という逆提案はあり得るが、過重な負担にならないときに「あなたはこうしてほしいというけれど、こちらでいいでしょ」と押し付けることはできないのです。

障害のある人の側が第一次的に、やってもらう必要のある配慮の中味を具体的に提案をする。それに対して相手の側は、過重な負担でなければ「わかりました」というしかなくて、「いや、こちらの方法はどうなのですか」という余地は、法律上は存在しないのです。

【質問】 合理的配慮のところで、事業主に対して「過重な負担を及ぼすこととなるときは、この限りでない」という、「過度な負担」かどうかの基準は、誰がどこで決めるのかがよくわからないのですが。

池原　政府の基本指針とか対応指針では、「過度の負担」について、考慮に入れるべきファクターを書いていたり、障害者雇用促進法でも厚生労働省が基本指針を出していて、どういう場合が過度の負担になるか、その要素としてお金の問題、組織のあり方、設備の問題とか、いくつかファクターを記載しているんです。

ただ、では具体的にどうなったら「過度の負担」なのか、結論がすぐにわかるという基準にはなっていません。

アメリカは、裁判所方式なので、最終的には裁判官がそれを判断するということで、判決例は積み重なっています。アメリカだと過度の負担は、基本的にはそれをやると企業がつぶれてしまう、あるいは企業の本質が変わってしまう、全然構造を変えないとできないとか、企業運営が不可能になるようなことが過度の負担と、通常は考えられています。

日本の場合はこの法律が来年（二〇一六年）の四月から動き始めるので、先例としてはよくわからないですね。企業の利益と、障害のある人の社会参加と、仕事をするということの利益のバランスを考えて秤《はかり》にかける問題ですが、危惧されるのは、日本の場合は企業の利益のほうが尊重されて、少しの理由でも「過度の負担」になって、実際には合理的配慮を求めることができないことが広がっていくので、かなり慎重にやっていかなければいけないと思っています。

【質問】 介護保険法との絡みで伺いたいのですが、重度の二四時間介護の必要な障害者の方が六五歳を過ぎると介護保険のほうが優先ということで、いままで無料で受けていたサービスを一〇%から二〇%負担しなくてはいけなくなって、それですごく苦しんでいらっしゃるんです。その辺を権利条約の、合理的配慮のあたりとか差別解消法とかで、介護保険法への移行をなんとかできるようにと、法律的にそういうことは可能になるでしょうか。

池原 ちょうど六五歳前後くらいのところで障害のある人がその問題にぶつかることが

あって、相談を受けることがあります。大きな問題だと思っていますが、差別解消法ででるかというと、難しいかなと思います。結局、介護保険法も障害者総合支援法も差別解消法も全部同列のレベルの法律なので、解消法の側から支援法だとか介護保険法を変えさせるということは理論上できないと思うのです。

障害者権利条約は、それらの法律よりも上の法規範なので、障害者権利条約に違反しているということがハッキリいえれば「変えなさい」といえます。ただ、障害者権利条約のどの規定を使ったらいえるのかは、ピッタリあてはまる規定はなさそうかなという感じがしています。

六五歳を過ぎた段階で、高齢者になっているという属性と、依然として障害があるという属性と二つもっているわけで、高齢者だから障害という属性を無視してひと括りにしようという法の適用の仕方は、ある意味では差別的取り扱いになるんだと理由をつけることは、できなくはないと思います。それ以前は実際、一割負担なしでできているわけですから。

だからその辺は、昔の自立支援法裁判のときのように、全国的にそういう問題があるという訴訟の提起は考える余地があると思います。いまのところまだ、その動きまでは出ていません。

【質問】 聞こえない人に、差別解消法とか改正雇用促進法等で、企業内での手話通訳の機会が増えてきているのですが、それが使える人と、法律があっても使えないという人がたくさんいらっしゃると思います。雇用されている身分でそういうものを企業側にもっていけないとかあると思います。新規に情報アクセスとかアクセシビリティというところも、これからは含まれていくのですが、ここの範囲は差別解消法で、ここは雇用促進法でという感じではなく、ワンストップというか、もっと簡単になるということはできないんですか？

池原 おっしゃる通り、実は雇用促進法と差別解消法の間で微妙に法律のでき方が違っています。法体系として変な話ですが、何でそういうことが起こるかというと、日本では内閣提出の法律が確か九十何％くらいで、国会は内閣が出してきた法案を審議して、認めるとか認めないとかしているだけなのです。

どういう現象が起こるかというと、法律は省庁ごとにつくっていくのです。だから、障害者雇用促進法は厚生労働省が原案をつくって出す、障害者差別解消法は内閣府が原案をつくって出して、結局縦割り行政のまま、法律も縦割り法律になっていってしまうわけです。

だから、使う側はとても使いにくいし、法律間も矛盾しているようなことが発生しています。日本が内閣中心の長い歴史で形成されてきていることなので、すぐに改善するのは難しいのかなとは思います。

世界的な動向で見ると、実は差別禁止というのは、最初は人種差別禁止とか性別差別禁止とか障害者差別禁止とか、一つひとつ別々の法律でできてきているのですが、イギリスは二〇一〇年に平等法という法律をつくって、あらゆるものをカバーする法律になっています。

日本でも、徐々に障害者差別解消法の次のステップはイギリスの平等法のように、あらゆる人間の平等を定めていくような法律ができていくと、縦割り問題はなくなっていくのかもしれないですが、ただ依然としてこの縦割りは、なかなか難しいハードルです。

そこは、議員立法でつくらせると、もう少し網羅的なものができるのです。ただ残念なことに、議員さんはあまり法律をつくる能力がないので、なかなか議員立法というのは日本ではすすみません。

それでも運動をしていき、議員に働きかけていけば共通性のある、あまり縦割りではない法律ができていく可能性はあるのかもしれません。市民運動と議員とかが連携しながら動いていかないと、伝統的な官僚機構のなかでは縦割りのものになってしまうことになるかもしれないと思います。

一般社団法人 全国手話通訳問題研究会（全通研）

手話や手話通訳、聴覚障害者問題についての研究・運動をおこなう全国組織で、会員一〇、〇〇〇人を超える。全都道府県すべてに支部を置き、聴覚障害者団体とともに地域の福祉向上のための学習や活動をおこなっている。機関誌『手話通訳問題研究』の発行、研究図書などの出版をおこない、聴覚障害者問題の啓発に努めている。

連絡先　〒六〇二–〇九〇一
京都市上京区室町通今出川下ル　織維会館内
電　話：〇七五–四五一–四七四三
FAX：〇七五–四五一–三二八一

著者紹介

大矢　暹（おおや　すすむ）

1947年（昭和22）に京都府山城町（現木津川市）で生まれる。小学校の3年生より聴力低下。京都府立聾学校高等部入学、ろうの先生・ろうの生徒・手話との出あい、生徒会活動に参加、差別と民主主義を学ぶ。

1965年（昭和40）「分かりやすい授業」と「学ぶ目的」で先生との対話を求める。授業拒否を含む闘い→1966年3・3声明につながる。

1966年（昭和41）製本工として働く。社団法人京都府ろうあ協会入会、全日本ろうあ連盟青年部設立に参加。

1968年（昭和43）京都府ろうあ協会に入職、京都ろうあセンター設立準備。

1969年（昭和44）相談事業などろうあ者福祉事業に関わる。

1978年（昭和53）社会福祉法人の設立、京都市聴覚言語障害センターに発展。

1991年（昭和56）京都市聴覚障害者センター副所長。

1992年（平成4）特養ホームいこいの村・梅の木寮施設長。

2004年（平成16）京都法人を退職、兵庫に移住。ろう高齢施設建設運動に参加。

2006年　特養ホーム淡路ふくろうの郷施設長。

2014年　社会福祉法人ひょうご聴覚障害者福祉事業協会の理事長就任。


兵庫県聴覚障害者協会員、淡路聴力障害者協会役員、全日ろう連福祉政策プロチーム委員。

著書に『京都障害者歴史散歩』（共著）文理閣。

全日ろう連発行『一人ひとりが輝く』編集に参加。

楽しみごと：読書、歴史散歩　家族：妻と二人暮らし

池原　毅和（いけはら　よしかず）

1956年生まれ。1987年4月に弁護士登録。東京アドヴォカシー法律事務所主宰、早稲田大学法科大学院客員教授、立教大学福祉学部講師。『精神障害法』（三省堂）、『障害法』（共著　成文堂）、『心神喪失者等医療観察法解説』（共著　三省堂）など著書多数。

全通研アカデミー①
高齢ろう者の人生／障害者差別解消法
2016年2月5日　第1刷発行

著　者　大矢　暹・池原毅和
企　画　一般社団法人　全国手話通訳問題研究会
発行者　黒川美富子
発行所　図書出版　文理閣
京都市下京区七条河原町西南角　〒600－8146
電話（075）351－7553　FAX（075）351－7560
http://www.bunrikaku.com

ISBN978－4－89259－782－4